Anne Gesche Olters

Ungestillte Sehnsucht

HERDER / SPEKTRUM

Band 4406

Das Buch

Die Sehnsucht nach Berührtwerden, nach Zuwendung, nach Gesehen- und Ernstgenommenwerden durch den Vater zieht sich wie ein roter Faden durch alle Kapitel dieses Buches, in dem Frauen über ihre Vater-Tochter-Beziehung berichten. Eine stille Sehnsucht kommt hier manchmal in beklemmender Dichte zur Sprache, die hinter der lautstark in der Öffentlichkeit diskutierten Mißbrauchproblematik nicht wahrgenommen zu werden droht. Dieses Buch möchte zwar nicht den Eindruck erwecken, als brächten sämtliche Väter ihren Töchtern nur Unglück. Doch viele Väter haben tatsächlich oft keine Ahnung von den Problemen, die durch mangelndes Verständnis und Einfühlungsvermögen, durch fehlende Präsens, Anerkennung und Wahrnehmung der Tochter entstehen. Und die Töchter sind im Kindesalter oft nicht in der Lage, sich und ihre Bedürfnisse differenziert genug auszudrücken, mitzuteilen, woran sie leiden. Aber immer mehr Frauen erkennen heute, wie groß der Einfluß ihres Vaters auf die Persönlichkeitsentwicklung ist und wie sehr er selbst noch ihr Leben als erwachsene Frau bestimmt. Auf diesem Hintergrund ist dies ein ganz notwendiges Buch, das viel Leid und Enttäuschung zwischen Vätern und Töchtern verhindern helfen kann. Nach insgesamt 80 Interviews legt die Autorin reichhaltiges und überzeugendes Material vor, das die ganze Bandbreite des Problems thematisiert – zwischen Verdrängung und Enttäuschung einerseits, aber auch Bewältigung und Aussöhnung andererseits. Ein bewegendes, manchmal hartes Buch, zugleich aber ein notwendiges, das letzlich alle Betroffenen einläd und ermutigt, bewußter und sensibler miteinander umzugehen.

Die Autorin

Anne Gesche Olters, geb. 1957, lebt – nach Zeitungsvolontariat, Redakteurstätigkeit und Studium in den Fachbereichen Literatur, Sprachwissenschaft und Kunstgeschichte – als freie Journalistin und Buchautorin in Hamburg. Publikationen in allen führenden deutschen Zeitschriften.

Anne Gesche Olters

Ungestillte Sehnsucht

Töchter erzählen von ihrer schwierigen Beziehung mit dem Vater

Herder

Freiburg · Basel · Wien

In Liebe meinen Eltern gewidmet

Gedruckt auf umweltfreundlichem,
chlorfrei gebleichtem Papier

Lizenzausgabe mit freundlicher Genehmigung der
edition q Verlags-GmbH, Berlin
Originaltitel: Der Tochter-Vater-Konflikt:
Streich mir nur einmal übers Haar und ich flieg nach Haus

Herstellung: Freiburger Graphische Betriebe 1996
Umschlaggestaltung: Joseph Pölzelbauer
Umschlagmotiv: Don Salvador Dali: Figur am Fenster

ISBN 3-451-04406-4

Inhalt

I. Bewußtmachung des Problems
Der Tochter-Vater-Konflikt

„Ich hörte ihre helle, atemlose Stimme kaum. ‚Ich kann's nicht, ich kann so nicht arbeiten. O Papa, ich kann's nicht . . .' (. . .) Sie war verzweifelt und den Tränen nahe. Ihre Worte klangen merkwürdigerweise beinahe so, als rede sie mit sich selbst, und sie verschluckte die Fürwörter. (. . .) Sie tanzte am Rande des Abgrunds, und wenn sie stürzte, würde sie endlos fallen. Zum ersten Mal lag in ihrer Stimme ein so unverhülltes Entsetzen, und ich spürte, wie sehr sie mir vertraute. Bis jetzt hatte sie ihre Abhängigkeit getarnt, und ich begriff plötzlich, daß sie niemanden außer mir hatte. (. . .) Ich konnte sie nicht mehr erreichen, ich verlor sie; sie entglitt mir dort bei den Dreharbeiten, obwohl ihre Partner und Freunde so nahe waren. ‚O Papa, ich kann's nicht, ich kann's nicht!' Ihr Selbstmord stand mir plötzlich vor Augen."

Eine Schauspielerin nach den Dreharbeiten zu einem neuen Film. Sie ist verzweifelt. Fast ohnmächtig vor Angst. Sie greift zum Telefonhörer. Aber ihre Stimme in diesem Telefonat soll so verlassen geklungen haben, als flehe sie einen tauben Himmel an. Die Vorstellung, sie könne Selbstmord begehen, taucht auf. Eine grauenvolle Vorahnung.

Auf den ersten Blick ist keinem verständlich, was sie in eine derartige Verzweiflung gestürzt haben könnte. Wahrscheinlich seien Schauspieler manchmal so. Ein wenig Hysterie vielleicht. Diese Einschätzungen sind unsinnig. Die tiefe Verzweiflung hat mit schauspielerisch-hysterischem Gehabe überhaupt nichts zu tun. Diese Frau reagierte so, weil sie an einem ihrer wundesten Punkte, wenn nicht ihrem wundesten Punkt überhaupt, getroffen wurde: Der männliche Regisseur – im übrigen handelte es sich um Joshua Logan – nahm sie während dieser Dreharbeiten nicht ernst. Er fand sie ordinär. Er stellte ihr Talent infrage, was sie angesichts der Tatsache, daß sie keine ausgebildete Schauspielerin war, sondern self-made, um so mehr treffen mußte. Sie wurde nicht respektiert. Nicht für voll genommen. Abgelehnt. Ihre alten Zweifel an sich selbst kamen wieder hoch. Das war ihr Kindheitstraum.

Die Frau, um die es hier geht, ist Marilyn Monroe, ein Leinwandidol seit Jahrzehnten. Das Telefonat mit ihr, das auf der vorigen Seite wiedergegeben wurde, hat der amerikanische Dramatiker Arthur Miller in seinen Memoiren „Zeitkurven" niedergeschrieben. Mit diesen Zeilen, Erinnerungen an eine Zeit Jahre vor Marilyns Selbstmord im August 1962, ahnt er die Tragik ihres Lebens voraus. Denn er hat eine Vorstellung von dem Hintergrund ihres Leids. „O Papa, ich kann's nicht, ich kann's nicht!" Diese Worte, die Marilyn am Telefon zu Arthur Miller sagt, sind der Schlüssel. Nur: Arthur Miller ist nicht ihr Vater. Er ist ihr Mann. Wahrscheinlich hätte sie gerne so einen Vater gehabt. Einen Vater, der ihr in solch verzweifelter Situation zuhört, der ihr rät und sie auffängt, der da ist, wenn sie nach ihm ruft. Nach so einem Vater hatte sie sich immer gesehnt. Worte sind nie Zufall. Es gibt keine Versprecher.

Marilyn Monroe. Eine erstklassige Schauspielerin. Gefeierter Hollywood-Star. Inbegriff der Erotik. Von Männern umschwärmt. Von Fans umlagert. Sie steht sogar im Brockhaus. Das ist die eine Seite. Partnerschaftskonflikte. Suchtprobleme. Minderwertigkeitsgefühle. Verlassenheitsängste. Depressionen. Selbstmord (nach dem neuesten Stand die wahrscheinlichste These). Das ist die andere Seite. Eine Frau mit so vielen Facetten. Eine Frau, die uns noch heute, mehr als 30 Jahre nach ihrem Tod, Rätsel aufgibt. Eine Frau zugleich, die wir besser verstünden, wenn wir uns auf die Suche nach ihrer Kindheit begeben würden.

Papa. Das ist Marilyn Monroes Trauma, das sie ihr Leben lang verfolgt. Bis hinein in den Selbstmord. Papa. Das war in Marilyns Leben der Vater, der nicht da war. Er ließ Mutter und Tochter nach der Geburt von Marilyn einfach sitzen und verschwand auf Nimmerwiedersehen. Die Mutter war nicht stark genug, dem Kind Mutter zu sein und gleichzeitig den Vater zu ersetzen.

Wie geht man als Tochter mit diesem Schicksalsschlag um? Wie verwindet man ihn? Marilyns Mutter wird bei der Problembewältigung nicht sehr hilfreich gewesen sein. Sie hatte selbst erhebliche psychische Probleme und mußte zeitweise in einer Nervenheilanstalt untergebracht werden. Sie war nicht in der Lage, der Tochter zu erklären, daß der Vater sie, also die Mutter, verlassen hatte, und daß diese Entscheidung mit ihr, der Tochter, überhaupt nichts zu tun hatte. Wenn Paare sich trennen, hat es fast nie mit den Kindern zu tun; ganz im Gegenteil binden sie eher eine gestörte Beziehung, als für eine Trennung der Eltern zu sorgen. Nichts deutet darauf hin, daß die Mutter Marilyn diese Zusammenhänge erklärt hat. So konnte sie den Weggang des Vaters, den sie nie kennengelernt hatte, niemals verwinden. Sie tat sogar etwas fast Unglaubliches: Sie ließ ihn in ihrer Phantasie sterben! Sie behauptete noch als erwachsene Frau in Zeitschriften- und Fernsehinterviews, ein Waisenkind zu sein.

Ist der Tod eines Vaters einfacher zu ertragen als die Einsicht in seine mangelnde Liebesfähigkeit? Es ist sehr gut vorstellbar, daß ein Kind mit dieser Phantasie auf den ersten Blick besser leben kann: Es muß dem Vater keine Schuld geben, denn für sein Sterben kann er ja nichts. Für seinen Schritt, die Familie zu verlassen, könnte er hingegen zur Verantwortung gezogen werden. Dafür, nicht für sein (schuldloses) Sterben, könnte man ihn hassen. Aber Haß war ein Gefühl, das Marilyn nicht ausleben konnte, weil ihre Mutter derartige Gefühle nicht zugelassen hätte. Das hochsensible Kind Marilyn entwickelte also eine ganz besondere Taktik, um Emotionen wie Haß und Enttäuschung gar nicht erst aufkommen zu lassen: Es ließ den Vater sterben und konnte ihn auf diese Art weiter lieben.

Um welchen Preis erhält sich dieses Kind ein Vaterbild, mit dem es leben kann! Wie verbiegt es die Wahrheit, um sich in der Phantasie die Liebe des Vaters zu bewahren und seinen Verrat zu tarnen! Was macht es sich für Illusionen, weil die Wahrheit zu unerträglich geworden wäre! Der Preis ist bitter hoch. Der wahre Seelenkonflikt verschwindet für immer im Dunkel, weil er verdrängt wird. Der angebliche Tod des Vaters ist für Marilyn Monroe der erste Schritt zu einer lebenslangen Lüge mit katastrophalen Auswirkungen . . .

Wenn eine Tochter einen Vater hat, der sie nicht will und der sie nicht annimmt, werden tiefe Wunden in ihre Seele geschlagen, die ein ganzes Leben lang nicht heilen, sofern sie nicht verarbeitet werden. Arthur Miller erkannte in bezug auf Marilyn Monroe ganz richtig: „Der sich verzweigende Baum ihrer Katastrophe wurzelte darin, von Geburt an verurteilt zu sein – verflucht wäre vielleicht das bessere Wort." Während Biographen wie Norman Mailer, der Marilyn Monroe im übrigen nicht kannte, gedankenlos und oberflächlich über ihre Kindheit hinwegfegten, war ihrem Ehemann Arthur Miller Zeit seines Lebens klar, wie sehr das Leben der Marilyn Monroe durch ihre unverarbeitete Kindheit geprägt gewesen ist, und wie sehr sie sich quälte. „Was ich über ihr Leben nicht wußte, konnte ich leicht erraten, und vermutlich spürte ich die Qual ihrer Erinnerungen stärker, weil mir das entschädigende bißchen Stolz darauf fehlte, unter solchen Umständen überlebt zu haben", schrieb er an anderer Stelle. Marilyn quälte sich. Ihre Verzweiflung wuchs und wuchs, und wohin sie sich auch wandte: Sie fand keinen Ausweg mehr. Sie hatte sich verstrickt in eine Phantasiewelt, die sie sich mit dem Tod des Vaters zu schaffen angefangen hatte. Miller verglich sie mit einem „selbstzerstörerischen Kind, das im Wald sitzt und sich gedankenverloren mit der geladenen Pistole durch die Haare fährt". Zwischen Realität und Phantasie zu unterscheiden, analysierte Miller, fiel ihr im Laufe des Lebens immer schwerer. Andere Menschen sahen kaum mehr die Möglichkeit, ein offenes Gespräch mit ihr zu führen. Sie verfing sich zwischen Wahn und Wirklichkeit.

Ist es ein Wunder, daß sie Schauspielerin wurde? Daß sie sooft die Naiv-Kindliche mit dem Schmollmund spielte? Das Dummchen, das außer Sexappeal nichts im Repertoire hatte? Ist es ein Wunder, daß sie immer häufiger diese Rollen auch lebte, als wenn sie Wirklichkeit wären? Obwohl sie im richtigen Leben soviel mehr zu bieten hatte als das Püppchen von der Leinwand und obwohl so viele andere Qualitäten sie ausmachten? So wie sie einst den leiblichen Vater zu einer Rolle gemacht hatte, wurde sie selbst eine Rolle. Sie wurde Opfer ihrer Vorgeschichte. Sie beging Selbstmord am 4. August 1962 im Alter von nur 36 Jahren.

Daß der Fall von Marilyn Monroe hier so ausführlich aufgerollt wurde, geschah im Bemühen, deutlich zu machen, wie groß die Bedeutung ist, die Väter im Leben von Töchtern einnehmen – auch dort, wo wir es, wie bei Marilyn Monroe, auf den ersten Blick nicht vermuten würden. Im nachfolgenden Kapitel werden Fälle von Frauen wie Marilyn geschildert, bei denen man als Außenstehender nicht im Traum darauf gekommen wäre, daß ihre Lebensprobleme ihre Ursachen im Tochter-Vater-Konflikt haben. Uns als Gesellschaft fehlt immer noch der Blick für den Einfluß von Vätern. Erziehung gilt eben immer noch als Frauensache; auf jeden Fall in der Praxis und im Alltag, denn die Struktur unserer Arbeitswelt sieht die aktive Elternschaft von Vätern nicht vor. Die wenigen „neuen Männer und Väter" bilden, was nicht übersehen werden darf, die Ausnahme. Wenn überhaupt, dann ist Vaterschaft im Deutschland des zu Ende gehenden zwanzigsten Jahrhunderts ein Hobby. Und die Väter der Töchter, die heute erwachsen sind und um die es in diesem Buch geht, waren noch häufiger als die heutigen Erziehungsberechtigten auf Statistenrollen beschränkt. Aber begehen wir nicht einen folgenschweren Fehler, dem Vater aus diesem Grund eine für die Entwicklung von Kindern geringere Bedeutung beizumessen? Ist das nicht unser großer Irrtum?

Gut zehn Jahre ist es her, daß der Vater in voneinander unabhängigen Werken erstmals eine auffällige Rolle zu spielen begann. Peter Härtlings „Nachgetragene Liebe", Sigfrid Gauchs „Vaterspuren" oder Christoph Meckels „Suchbild" – diese Bücher stehen für einen „Trend" der frühen 80er Jahre, der sich dadurch auszeichnet, daß sich eine ganze Reihe von Söhnen erstmals mit ihren Vätern auseinandersetzten. Direkte Konfrontationen mußten diese Söhne nicht mehr befürchten, denn die Väter waren mittlerweile tot, tiefere Auseinandersetzungen zu Lebzeiten hatte es nicht gegeben, und so schickten die Söhne ihren toten Vätern nun Fragen nach, die sie bis heute beschäftigen. Sie selbst wie die große männliche Leserschaft, die sie erreichten, litten an Mangel: Sie hatten die Väter der Kriegsgeneration nie richtig kennengelernt, nie eine wirkliche Beziehung aufbauen können, nie die Anerkennung bekommen, die sie benötigt hätten. Die Bücher zum Vater-Sohn-Konflikt zeugen alle von einer tiefgreifenden Störung, die – wie im Fall von Härtling – durch eine literarische Annäherung überwunden werden sollte. Nachgetragen und nachgetrauert. „Ein Schritt hin zur Wahrheit der eigenen Person“, wie der Klappentext bei Härtling lautet.

Frauen scheuten sich weitgehend, ihre Väter mit unbequemen Fragen zu konfrontieren – und wenn doch, begannen sie, wie Härtling und die Trendmänner, mit der Aufarbeitung erst direkt nach dem Tod der Väter – Elisabeth Plessen mit „Mitteilung an den Adel“ sei als ein Beispiel genannt. Dafür stürzten Frauen sich auf ihre Mütter. Auffällig im Deutschland der späten 70er und frühen 80er Jahre: Zeitgleich mit den Männern, die die Verhaltensweisen ihrer Väter erkundeten, nahmen sich Frauen auf der Suche nach ihrer Vergangenheit die Mütter vor. Nancy Fridays „My Mother my self“ wurde als „Wie meine Mutter“ zum Kultbuch einer ganzen Frauengeneration. Es hebt die Mutter als Mythos von ihrem Sockel und thematisiert die problematische Mutter-Tochter-Beziehung mit all ihren Lügen, Ängsten, Frustrationen und Mustern, die die Töchter von den Müttern unbewußt übernommen haben. Für viele Frauen viele „Aha“-Erlebnisse, aber auch nach dieser Aufarbeitung blieb das Gefühl, nicht in jeden Winkel vorgestoßen zu sein, noch nicht jede Narbe entdeckt zu haben. Hatten wir etwas übersehen?

An beiden skizzierten Strömungen fällt auf: Indem sich die Söhne auf die Suche nach ihren Vätern und die Töchter auf die Suche nach ihren Müttern machten, blieben sie gleichgeschlechtlichen Schemata verhaftet. Dabei ist gerade die Liebe des gegengeschlechtlichen Elternteils für die Entwicklung eines Kindes extrem bedeutend. Die Mutter ist die erste Frau im Leben eines Sohnes, der Vater der erste Mann im Leben seiner Tochter. Es hängt entscheidend von der Einstellung zum Vater ab, wie sich die Tochter als Frau und in ihren späteren Partnerschaften entwickelt, bzw. von der Mutter, welche Entwicklung der Sohn nimmt. Allerdings vertreten heute viele PsychologInnen die Meinung, die Vater-Tochter-Beziehung sei im Vergleich zu allen anderen möglichen Konstellationen, also Vater-Sohn, Mutter-Tochter und Mutter-Sohn, mit Abstand am entscheidensten. Eine spannende These. Was in diesem Zusammenhang an Überlegungen entwickelt wurde, wird im folgenden bewußt ohne weitere Differenzierungen dargestellt. Die Überpointierung soll der Verdeutlichung dieser Thematik dienen.

Die Mutter, die für die Entwicklung des Sohnes eine so große Rolle spielt, ist die Person, die am meisten für ihn da ist, weil sie sich – auch als berufstätige Frau – in der Regel intensiver um die Erziehung kümmert als ihr Partner. Auch schenkt sie dem Sohn mehr körperliche Zuwendung, als der Vater sie der Tochter gibt, weil Frauen Gefühle häufig spontaner und intensiver demonstrieren können, weil sie eher in der Lage sind, ihre Liebe durch äußere Gesten zu unterstreichen. Der Junge kennt und genießt das Gefühl der Bemutterung.

Natürlich wird diese Art von Zuwendung durch die Mutter auch der Tochter zuteil. Gerade Mutter-Töchter-Beziehungen sind geprägt vom intensiven Austausch von Zärtlichkeiten. Aber die Tochter erhält sie nicht als Geschenk der Liebe über ein gegengeschlechtliches Elternteil. Ihr Vater nämlich sorgt sich weit weniger um sie als die Mutter um den Sohn und gibt ihr auch weniger Wärme. Welches Geborgenheitsgefühl, das der Sohn durch die Weiblichkeit seiner Mutter erhält und welches die Tochter nie in diesem Umfang kennenlernt! Wo bleiben diese Töchter mit ihren Bedürfnissen? Viele von ihnen vermissen zeit ihres Lebens etwas, das sie nicht definieren können. Ihnen fehlt das Gefühl permanenter Zuwendung und das

Gefühl des Begehrtwerdens in seiner unschuldigsten Form. Sie haben als Kinder nie die Einheit der Gegengeschlechtlichkeit gespürt.

Der Vater, sofern er ein engagierter Vater ist, hat in der Tochter zwar die Illusion genährt, daß auch er all das geben kann, was die Mutter zu geben imstande ist. Aber das Ganzheitsgefühl wird die Tochter selten vermittelt bekommen, wohingegen der Junge mit der Mutter mentale Ergänzung erlebt. „Streich mir nur einmal übers Haar, und ich flieg nach Haus." Das ist der größte Wunsch einer erwachsenen Tochter an ihren Vater! Nur einmal soll er ihr mit einer zärtlichen Geste zeigen, daß sie ihm etwas bedeutet. Er soll sie im wahrsten Sinne des Wortes be-rühren. In diesem Satz steckt die ganze stille Tragik gescheiterter Tochter-Vater-Beziehungen. Die Sehnsucht nach Zuwendung: Sie zieht sich in diesem Buch wie ein roter Faden durch alle Kapitel – so unterschiedlich die Fälle der interviewten Frauen auch sein mögen.

Die Tochter, sofern sie keinen Ausnahme-Vater als Elternteil hat, erleidet ein Defizit. Ihr bleibt nichts anderes übrig, als diese Wünsche zu unterdrücken. Da die Sehnsucht nach Nähe zum Vater aber nicht aufhört, sie zu bewegen und zu beschäftigen, will sie vom Vater wenigstens eins: Anerkennung. Dafür ist sie sehr viel zu tun bereit. Diese Töchter bringen die besten Schulnoten mit nach Hause. Sie versuchen, hübsch auszusehen. Sie diskutieren angeregt mit ihren Vätern, wobei sie sich meistens in der Situation der aufmerksamen Zuhörerin befinden. Sie versuchen, Verständnis für den Vater zu entwickeln. Welcher Sohn macht der Mutter so viele Angebote? Kaum einer hat es nötig, denn die Mutter ist verfügbar. Töchter hingegen betreiben diesen Aufwand nur aus einem einzigen Grund: Angesichts der Unterlassungssünden ihrer Väter möchten sie wenigstens auf dieser Ebene Verständnis, Aufmerksamkeit und Zuwendung bekommen, die die Mutter dem Sohn gibt. Erhalten sie sie auch auf diesem Weg nicht in ausreichendem Maße, laufen sie ihnen ein Leben lang hinterher. Es fällt auf, daß es immer wieder Frauen sind, die später bei ihren männlichen Partnern Anerkennung und Lob einklagen und damit in der Partnerschaft wiederholen, was in ihrer Kindheit mißglückt ist. Begehrt zu werden ist für diese Frauen lebensnotwendig, weil sonst unerträgliche Minderwertigkeitsgefühle entstehen. Sie sind „liebeshungriger" als ihre Brüder, die bereits in ihrer Jugend satt geworden sind.

Nun wurde in diesem Abschnitt ein Extrem entworfen, was methodisch zulässig ist zur Verdeutlichung, das aber leicht darüber hinwegtäuscht, daß es in Familien nicht so klischiert abläuft. Viele Väter sind heute aufgeschlossener und zärtlicher im Umgang mit ihren Kindern, als es noch in der vorigen Generation der Fall war. Viele Väter nehmen sich bewußt mehr Zeit, und wenn der Job sie ihnen nicht läßt, konzentrieren sie sich zumindest in den Stunden, die ihnen in der Woche verbleiben, ganz bewußt auf ihre Kinder. Vielen Vätern ist bewußt, wie wichtig die Kombination aus Interesse, Geduld und Kooperationsfähigkeit einerseits, Wärme, Geborgenheit und Zeithaben andererseits ist. Viel hat sich im Bewußtsein gewandelt, aber das Aber muß bestehen bleiben: Zu neu ist diese Entwicklung. Erstens kommen in diesem Buch erwachsene Töchter zu Wort, deren Väter vor dem Krieg geboren sind und mit Sicherheit nicht zu der sogenannten „Neue-Väter-Generation" gehören. Zweitens sind die jungen Mütter und Väter von heute – wie wir alle – Produkte ihrer eigenen Erziehung und haben seelische Narben davongetragen, deren Ursachen wiederum in ihrem Verhältnis zu ihren Eltern zu suchen sind und auf ihre eigenen Kinder ausstrahlen. Diese Zusammenhänge sollte man sich immer wieder vor Augen halten, was ich an dieser Stelle noch einmal ausdrücklich betonen möchte. Wir alle sind Produkte unserer Erziehung, für die wir nichts können. Auch unsere Eltern tragen keine „Schuld" daran, daß sie aufgrund der Erziehung durch ihre Eltern so geworden sind wie sie sind. Die meisten von ihnen hatten selbst keine Eltern, die sie verstanden, ernst nahmen, bewunderten und sich ihnen emotional bedingungslos zuwendeten. Man müßte sich einmal die Mühe machen, die Väter der für dieses Buch interviewten Frauen ebenfalls nach ihrer Kindheit und ihren Problemen zu befragen. Manch einen dieser Väter, von denen uns einige auf den ersten Blick nicht gerade sympathisch erscheinen werden, würden wir aus seinem Umfeld heraus besser verstehen können.

Es muß uns klar sein: Wir befinden uns in einem Teufelskreis, denn ein Mensch mit einem ungestillten, abgewehrten Bedürfnis aus vergangenen Kindertagen folgt, so die berühmte Psychoanalytikerin Alice Miller, einem Zwang: Er will diese Bedürfnisse doch noch auf Ersatzwegen befriedigen. Welche „Objekte" eignen sich dazu am besten? Kein Zweifel: die eigenen Kinder. Da sie von Mutter und Vater in ihrer Existenz abhängig sind, werden sie alles tun, um die Zuwendung der Eltern nicht zu verlieren. So werden Kinder unwissentlich benutzt, um die Wünsche ihrer Eltern zu erfüllen, und diese benutzten Kinder, die dadurch ihre eigenen Bedürfnisse nicht leben konnten, sind wiederum narzißtisch bedürftig: Sie suchen ihr ganzes Leben, was ihnen die eigenen Eltern nicht zu geben in der Lage waren: ein Wesen, das auf sie eingeht, das sie versteht, ernst nimmt und bewundert. Dazu eignen sich wieder die eigenen Kinder. Diesen Teufelskreis muß man sich verdeutlichen, um nicht der Gefahr zu erliegen, Schuldzuweisungen zu verteilen. Alice Miller sagt es ganz deutlich: Wer als Kind bei seinen Eltern all diese Bedürfnisse unterdrücken mußte, mag in der Erziehung seiner eigenen Kinder noch so guten Willens sein: Aus der Tiefe seines Unbewußten regen sich die verdrängten Bedürfnisse und fordern Befriedigung. Es mangelt also nicht an gutem Willem – wie es vermutlich keinem einzigen Vater, der in diesem Buch als Erzieher in Erscheinung tritt, an gutem Willen gefehlt hat. Keiner wollte seinem Kind bewußt schaden.

Der gute Wille und das böse Ende – dieser Zusammenhang wird in keinem literarischen Werk so deutlich wie in Ingeborg Bachmanns Novelle „Alles", der Tragödie des Vaters, der von seinem Sohn erwartet, was er selbst nicht erreichen konnte: die Einleitung einer neuen Zeit durch seine kindliche Unschuld. „Alles" ist die Umsetzung der Millerschen Theorie auf literarischer Ebene. Der Vater, guten Willens, sogar extrem fortschrittlich und liberal, will den Sohn nicht gängeln, ihn weder gescheiter noch besser wissen: „Ich wollte auch nicht von ihm geliebt sein; er brauchte mir nicht zu gehorchen, mir nie zu Willen sein." Welch hoher pädagogischer Ansatz: Der Sohn darf sich frei entfalten, darf seine eigenen Lebensgesetze, seine eigene Sprache entwickeln. Freiheit, wie Rousseau sie in seinem „Emile" gefordert hat. Falsch verstandene Freiheit der sogenannten antiautoritären Erziehungsbewegung. Der Versuch scheitert, denn auch diesem Vater gelingt es nicht, wirklich nichts zu erwarten. Er, der sich selbst nicht liebt, erwartet in Wahrheit „alles": „Ich hatte erwartet, daß dieses Kind, weil es Kind war – ja, ich hatte erwartet, daß es die Welt erlöse." Der Tod des Sohnes ist Symbol des Scheiterns einer glänzenden Theorie. Sie scheitert an der Praxis, denn der Vater „vergißt", dem Sohn das Wichtigste zu geben, was er braucht: Liebe und Zuwendung.

Auch hier geht es nicht um die Frage der Schuld. Der Vater, bemüht und guten Willens, konnte nicht anders. Er konnte nicht geben, was nicht in ihm war. So macht „Alles" deutlich, daß es nur um Verstehen und Verständnis gehen kann. Wir müssen die Zusammenhänge unseres Schicksals begreifen, um unsere Schwachstellen und Muster zu erkennen und aufzuarbeiten. Das Wissen um die Wahrheit ermöglicht uns erst die Rückkehr zu einer authentischen Gefühlswelt, zu eigener Wahrhaftigkeit.

Es liegt an uns, diesen Versuch zu wagen. Oft, sofern es uns ohne therapeutische Hilfe überhaupt gelingt, ist der Prozeß, verschüttete Erinnerungen hervorzuholen, schmerzhaft, und erst später wird uns seine segensreiche Kraft klar. Manchmal werden wir zu diesem Schritt erst durch äußere Signale gezwungen, wenn sich beispielsweise innere Konflikte als Krankheit somatisieren und uns Botschaften aus dem seelischen Bereich übermitteln. Eine große Anzahl von Frauen beginnt mit der Aufarbeitung, wenn die Ehe ohne erkennbare äußere Gründe scheitert oder sich in ihr Leben eine tiefe Unzufriedenheit eingeschlichen hat, deren Ursachen ihr auf den ersten Blick nicht klar sind. Unglück heißt der Motor. Immer mehr Frauen machen sich aus diesem Grund auf die Suche. Der Tochter-Vater-Konflikt liegt in der Luft. Es ist ein Thema nicht nur für Frauen als Töchter, Partnerinnen und Mütter. Es ist auch ein Thema für Väter: für junge Väter, die mitten im Erziehungsprozeß stecken, und durch die Schilderungen der Frauen in diesem Buch ein Bewußtsein dafür entwickeln könnten, was ihre Töchter brauchen und von ihnen erwarten. Und für die Väter bereits erwachsener Töchter, um zu verstehen, was in ihnen vorgeht. Viele für die Väter bisher unerklärliche Verhaltensweisen ihrer Töchter könnten transparenter werden. Es geht um den Versuch, sich besser zu verstehen.

Warum ist uns das bisher nicht gelungen? Warum hat so ein existentielles Thema so lange auf sich warten lassen? Warum gewann es als eigenständiges Thema erst in den 90er Jahren an Bedeutung? Ein Verdacht liegt auf der Hand: An den Vater traute man sich nicht heran. Hatte man sogar Angst vor erneutem Liebesentzug von ohnehin wenig gezeigter Liebe? Wollte man ihn als brave Tochter nicht brüskieren? Als Margot Lang 1979 das Buch „Mein Vater. Frauen erzählen vom ersten Mann ihres Lebens" herausbrachte, stellte sie fest: „Auf die Frage, ob denn ein Interesse an schriftstellerischer Mitarbeit bestehe, gab es immer wieder zögernde Antworten: ‚Schon, ich persönlich habe ja eine ganz verrückte Vaterbeziehung . . . aber darüber schreiben, ich weiß nicht . . . ich glaube, das geht irgendwie nicht . . .'" Man wollte ihn nicht antasten. Entschuldigungen fand man hingegen genug. Er hat es doch immer gut gemeint. Und weißt du noch, als er mit uns allen zum Schlittschuhlaufen ging? Er hatte ja auch wirklich eine schwere Kindheit im Krieg. Und meine Mutter hat ihn oft nicht nett behandelt. Das verflixte Verständnis für den Vater! Es ist das falsche Verständnis, weil es nicht darum gehen kann, ihn aus allem herauszuhalten, solange die Tochter seelisch nicht ins Gleichgewicht kommt. Diese Beziehung führte zu lange ein Schattendasein, obwohl sie immer explosiv genug gewesen ist. Warum haben Töchter ihre Väter verschont, während sie ihre Mütter zum Teil in härtester Weise zur Problembewältigung gezwungen haben und dies auch erfolgreich, was ja per se eine gute Voraussetzung ist!?

Ich neige zu der Theorie, daß die Auseinandersetzung mit der Mutter für die Tochter leichter ist, weil sie sich vertrauter sind und ähnliche Werte verkörpern. Folgt man dem Taoismus mit seinen beiden Urprinzipien Yin und Yang, gilt für Frauen das Yin-Prinzip, was auch als weibliches Prinzip verstanden wird. Im psychologischen Bereich entspricht das männliche Prinzip Yang dem Tagesbewußtsein, während Yin das Unbewußte des Menschen umfaßt. Während Yang zum Beispiel Logik und Intelligenz zugerechnet werden, verkörpert das weibliche Prinzip analoges Denken, Intuition und Ganzheitserfahrung. (Wem der Taoismus zu fremd ist, der findet eine ähnliche Aufteilung im Bereich der Hirnforschung, wobei Yang die linke und Yin die rechte Hirnhälfte meint.) Daraus abzuleiten wäre folgendes: Der Aufarbeitung von Kindheit mit ihren Verdrängungen und Verschüttungen kann sich der Mensch im Wesentlichen nur durch Intuition (und keineswegs durch Logik) nähern, die dem weiblichen Urprinzip zuzuordnen ist. Er versucht dabei, unbewußte Vorgänge zu ergründen, wobei auch das Unbewußte zum weiblichen Prinzip gehört. Ganzheitliches und analoges Denken spielen hierbei eine immense Rolle, wobei auch diese vom Yin-Prinzip umfaßt werden. Analoges Denken ermöglicht beispielsweise die Erkenntnis, wie ähnlich die Mechanismen sind, die zwischen Tochter und Vater und später Tochter und Partner ablaufen. Hier sind keine objektivierbaren Fakten und Daten gefragt, sondern im besten Fall gegenseitiges Einfühlungsvermögen in subjektiv Erlebtes. Für all diese Vorgänge ist das weibliche Urprinzip zuständig, das sowohl Tochter als auch Mutter ausmacht, beziehungsweise stärker in ihnen wirkt als in Männern. Sie, deren Yang-Prinzip unser jetziges Weltbild prägt, setzen auf Werte wie wissenschaftliche Beweise, Rationalität und Intellekt. Sie haben Schwierigkeiten, mit Hilfe von Intuition, Gefühlen oder Bildern Erkenntnnisse zu gewinnen oder einen Erkenntnisprozeß, der auf diesen Prinzipien fußt, überhaupt zu akzeptieren. Das macht die Verständigung zwischen fragender, in sich hineinhorchender und weiblich forschender Tochter und dem Vater so schwierig. Denn über eins dürfen wir nicht hinwegsehen: Die Tochter, die in ihrer Vater-Kindheit zu stöbern anfängt, ist im besten Fall auf seine Mithilfe angewiesen. Sie wird, vorausgesetzt er ist ansprechbar, mit Fragen auf ihn zukommen, um mit seinen Antworten weiterarbeiten zu können. Vielleicht wird sie sich im Laufe ihres Erkenntnisprozesses auch an ihn wenden wollen, um ihn mit ihren neuen (alten) Erfahrungen zu konfrontieren. Die These, daß dies ein Schlüssel zum Verständnis sein könnte, warum die Auseinandersetzungen von Töchtern und Vätern so problematisch sind, wurde interessanterweise in den Interviews zu diesem Buch häufig bestätigt. Wenn Töchter versuchten, ihre Väter mit ihren Wunden und Erkenntnissen zu konfrontieren, um ihre Vergangenheit aufzuarbeiten, stießen sie immer wieder auf Verständigungsprobleme. Während die Mütter, die in diese Diskussionen einbezogen wurden, wenigstens begriffen, was gemeint war, reagierten Väter mit einer Hilflosigkeit, die ihren Kern im Nicht-Verstehen hatte. Hinzu kommt, daß es in einer Welt, in der gesellschaftliche Macht noch weitgehend von Männern verkörpert wird, Frauen Angst machen kann, Autoritäten wie ihre Väter vom Sockel ihrer angeblichen Unfehlbarkeit zu heben. Zu hoch erscheint ihnen das Podest, das diese sich gezimmert haben, um zuviel Nähe abzuwenden.

Aber auch die Töchter, die sich nicht direkt mit ihren Vätern auseinandergesetzt haben, sondern ohne ihre Hilfe zu verstehen versuchten, warum ihre Väter sie als Töchter so behandelt hatten wie sie es taten, gaben den Eindruck wieder, auf einem völlig anderen „Stern" zu sein als ihre Väter. Der Vergleich ist lustig und bezeichnend zugleich. Yang wird durch das Symbol der Sonne ausgedrückt. Yin durch das des Mondes ...

II. Das fehlende Bewußtsein braver Töchter

„Stimmten wir auch in manchem nicht überein, so konnte dies meine Liebe nie beeinträchtigen, und diese war gehoben durch ein Dankbarkeitsgefühl, das mich durch mein ganzes Leben begleitet hat. Wie viele Jahre hat er sich mir ausschließlich gewidmet, welch schönen Einfluß hat er auf mich gehabt ... Er war meiner Kindheit alles gewesen, und nun erlosch der letzte Rest."

Diese geradezu schwärmerischen Zeilen schreibt Clara Wieck-Schumann in ihr Tagebuch, als ihr Vater Friedrich Wieck 1873 in Loschwitz stirbt. „Heiß hatte ich ihn geliebt", gesteht die damals immerhin 54 Jahre alte Pianistin, Komponistin und Ehefrau des berühmten Komponisten Robert Schumann. Es ist erstaunlich, wie verklärt ihr Vaterbild ist!

Der Musikpädagoge Friedrich Wieck war in Wahrheit ein Vater, den man keiner Tochter wünschen würde. „Mit der Ausbildung der 1819 geborenen Tochter erfüllte sich Wieck einen alten Männertraum: die Produktion eines perfekten Wesens", analysiert Inge Stephan treffend in ihrem materialreichen Buch „Das Schicksal der begabten Frau". Clara Wieck, seine älteste Tochter, wird das Opfer dieses Mannes, der selbst gern erfolgreicher Pianist geworden wäre, dessen Begabung aber nicht ausreichte.

Als die Eltern Wieck sich 1824 trennen, kommt Clara – entgegen dem Willen der Mutter, die um seinen Despotismus weiß – zu ihrem Vater. Er hatte von der Mutter die Herausgabe seines Kindes gefordert. Täglich muß Clara von nun an mit ihm Klavierspielen üben. Täglich muß sie ihn beim Spazierengehen begleiten. Schulunterricht erhält sie privat. Sie ist fast ausschließlich mit ihm zusammen. „Übrigens hat meine Clara nicht Zeit, mit kleinen Kindern zu spielen", betont Wieck in einem Brief an seine Frau aus dem Jahr 1831. Da ist Clara zwölf Jahre jung! „Sie hat keine Puppen, keine Freundinnen, keine Tiere, nur das Klavier und ihren Vater, der sie zum Zentrum seines Lebens macht", schreibt Eva Weissweiler in ihrer Clara-Schumann-Biographie. Isoliert von anderen. Dem Vater ausgeliefert. Sie wird sein Instrument.

Einem Kind, das dermaßen auf ein Elternteil fixiert ist, bleibt – so Alice Miller – nichts anderes übrig, als sich zu unterwerfen. Es ist diesem Erwachsenen bedingungslos ausgeliefert, denn man hat es jeglicher „Beziehungsalternative" beraubt. Clara wird eine „brave" Tochter, völlig fixiert auf den machtbesessenen, despotischen Wieck, der alles mit ihr machen kann. „Mein Vater ... bemerkte heute nochmals, daß ich immer so faul, nachlässig, unordentlich, eigensinnig, unfolgsam etc. sey, daß ich dies namentlich auch im Klavierspiel und Studieren desselben sey und weil ich Hüntens neue Variationen OP.26 in seiner Gegenwart so schlecht spielte und nicht einmal den ersten Theil der ersten Variationen wiederholte, so zerriß er das Exemplar vor meinen Augen und von heute will er mir keine Stunde mehr geben", notiert Clara als Neunjährige traurig in ihr Tagebuch. Das angeblich so faule und nachlässige Kind hat es in diesem Alter mit seiner Begabung immerhin so weit gebracht, daß es sein erstes öffentliches Klavierkonzert gibt. Aber seinen Eigen-Sinn hat es bereits verloren. „Nein" zu sagen, gelingt Clara nicht mehr. Sie hat die Sicht des Vaters übernommen. Später, als verheiratete Frau, zeigt sie ähnliche Reaktionen. Sie, eine zweifelsfrei erfolgreiche Pianistin, notiert 1841, ein Jahr nach ihrer Hochzeit mit Robert Schumann, in ihrem Tagebuch: „Ich war nicht zufrieden, sogar sehr unglücklich diesen Abend und die folgenden Tage, weil Robert von meinem Spiel nicht befriedigt war." Neun Jahre später, als sie sich durchgerungen hat, an einem Abend eine Komposition von ihm zu spielen, gibt sie zu, wie sehr seine Kritik sie trifft, zumal er ihre pianistischen Fähigkeiten vor der Heirat so bewundert hat: „Es betrübt mich entsetzlich, denn ich hatte es mit aller meiner Kraft und meinem besten Willen gespielt, ... desto bitterer war es daher für mich, statt eines freundlichen Wortes die bittersten, entmutigendsten Vorwürfe zu hören". Sie weiß nach diesem Konzert und nach seiner Kritik an ihrer Spielweise kaum mehr, „wie ich noch spielen soll". Sie liefert sich der Kritik ihres Mannes ebenso aus wie der Kritik ihres Vaters. Beide stellt sie höher als sich selbst.

Außenstehende hingegen sehen Wieck höchst kritisch. Einer von ihnen ist dieser Robert Schumann, der bei ihm ebenso wie Clara Klavierunterricht hat. „Wieck ist doch ein böser Mensch", findet er und schildert eine Szene, die er miterlebt hat. „Alwin (Claras kleiner Bruder) hatte nicht ordentlich gespielt. ‚Du Bösewicht, Bösewicht, ist das die Freude, die du deinem Vater machen solltest' – wie er ihn auf den Boden warf, bey den Haaren zaußte, selber zitterte u. schwankte, stille saß, um auszuruhen zu neuen Thaten, auf seinen Beinen kaum mehr stehen konnte u. deshalb seine Beute niederwarf, wie der Kleine bat und flehte, er solle ihm die Violine geben, er wolle spielen, er wolle spielen, – kann ich nicht sagen, – u. zu all diesen – lächelte Clara u. setzte sich mit einer Weber'schen Sonate ruhig an's Clavier." Robert Schumann bleibt nur noch die Frage: „Bin ich unter Menschen?"

Was durch die glücklicherweise erhaltenen Tagebücher und Erinnerungen der Familien Wieck und Schumann dokumentiert werden kann, zeigt den durch den Vater gesteuerten Entwicklungsprozeß einer Tochter, der in der heutigen Psychologie seine absolute Bestätigung findet. Daß Clara sich seelenruhig ans Klavier setzt, während der Vater ihren kleinen Bruder schikaniert und mißhandelt, zeigt den erzieherischen „Erfolg" des Vaters: Er hat Clara jeglicher natürlicher Protesthaltung beraubt. Sie hat keine eigenen Wünsche, Bedürfnisse und Vorstellungen mehr, sondern hat die des Vaters angenommen. Sie lebt nicht ihre eigenen Gefühle, die sich in dieser Situation normalerweise als Protest, wie er so mit dem Bruder umgehen könnte, geäußert hätten. Sie ordnet sich seinen Maximen unter. Diesem Vater ist die Unterwerfung der Tochter so perfekt gelungen, daß sie noch später als erwachsene Frau sagt: „Ich danke ihm zeit meines Lebens für alle die sogenannten Grausamkeiten". Er hat es geschafft, sie zur ewigen Dankbarkeit zu verpflichten. So wie er den Sohn ermahnt: „Ist das die Freude, die du deinem Vater machen solltest?", rechnet er ihr vor: „Ich habe Dir und Deiner Ausbildung fast 10 Jahre meines Lebens gewidmet; bedenke, welche Verpflichtung Du hast." Das sind die Kinder, die sich später sogar für die Schläge, die sie bekommen haben, bedanken und die Meinung vertreten, sie hätten sie verdient. Der Vater Wieck, der die Tochter mit allen zur Verfügung stehenden Mitteln äußerlich wie auch seelisch an sich gebunden hat, muß ein Problem haben, das in Fällen wie diesem vorprogrammiert ist: Er wird seine Tochter nicht gehen lassen können. Kein Mann wird ihm für seine Tochter gut genug sein. „Wir können sagen, daß Clara für den Vater ein Selbstobjekt darstellte. Sie führte, in seinem Erleben, kein Eigendasein, war für ihn kein von ihm getrenntes Individuum. Durch *sie* lebte er, aus *ihren* Triumphen zog er eigene narzißtische Befriedigung. Jeden Schritt weg von ihm mußte er deshalb als schwerste narzißtische Kränkung und Infragestellung seiner selbst empfinden." Das ist die Einschätzung des Psychoanalytikers Udo Rauchfleisch in seiner biographischen Studie „Robert Schumann. Leben und Werk". Und genauso kommt es.

Robert Schumann, der Schüler des Vaters, ist der Mann, in den sich Clara verliebt, und Wieck tut alles, um diese Liebe zu zerstören. Als Schumann am 18. Geburtstag Claras beim Vater in einem Brief offiziell um ihre Hand anhält, schreit der ihn zusammen. Schumann schreibt anschließend an Clara: „Die Unterhaltung mit Ihrem Vater war fürchterlich. Diese Kälte, dieser böse Wille, diese Verworrenheit, diese Widersprüche – er hat eine neue Art zu vernichten, er stößt einem das Messer mit dem Griff in das Herz ... Fürchten Sie Alles von ihm; er wird Sie zwingen durch Gewalt, kann er es nicht durch List. Fürchten Sie Alles!"

Der Vater, dessen Tochter für ihn Eigentum ist, die er besitzt, dreht durch. Sie zu verlieren – das kann er nicht ertragen. Er droht: „Wenn Clara Schumann heiratet, so sag ich es noch auf dem Totenbett, sie ist nicht wert meine Tochter zu seyn." Er macht Schumann madig, beschimpft ihn öffentlich als „im höchsten Maße träge, unzuverlässig, unfügsam, trotzig, widerspenstig, eigensinnig, kindisch, unmännlich, mit einem Worte, für das sociale Leben völlig verloren." Schumann überzieht ihn daraufhin mit einer Beleidigungsklage, und auch Clara sieht ihren Vater vor Gericht wieder: Sie klagt, um von ihm die Eheerlaubnis zu bekommen.

Es ist ein Drama, das sich hier abspielt. Der Vater, der nicht loslassen kann, schlägt um sich. Wie anders reagiert Claras leibliche Mutter, an die sie sich in ihrer Not wendet! Nach einem Besuch Roberts schreibt sie an ihre Tochter: „Meine geliebte Clara! Dein Robert ist seit gestern hier, und ich kann Dir zu meiner wahren Freude sagen, daß ich Deine Wahl billige und ich ihn stündlich immer mehr lieb gewinne."

Trotz des unvorstellbaren Verhaltens ihres Vaters, mit dem Clara es auf einen Machtkampf hat ankommen lassen, ist sie nicht in der Lage, sich innerlich von ihm zu lösen. Andere Töchter hätten sich angesichts seiner vielfältigen Kränkungen längst von ihm losgesagt, sich zumindest distanziert. Aber nicht Clara. Nachdem sie ihm vor Gericht begegnet ist, schreibt sie in ihr Tagebuch: „Er war da! Ich kann es nie vergessen, ich konnte ihn nicht erblicken, ohne das tiefste Mitleid zu hegen; alle seine Mühe, seine vielen schlaflosen Nächte, die Erklärung, an der er seit Monaten gearbeitet – Alles das nutzt ihm nichts . . . ich konnte es kaum ertragen, daß ihm diese Demütigung widerfahren mußte . . . Dieser Tag hat uns getrennt für ewig, wenigstens das zarte Band zwischen Vater und Kind zerrissen – mein Herz ist auch, als wär es zerrissen."

Es kaum faßbar! Nach all dem, was ihr Vater ihr angetan hat, ist sie zu diesen Gefühlen in der Lage! Sie leidet mit ihm und einer gekränkten Seele! Es zerreißt sogar ihr eigenes Herz! Diese Tochter-Vater-Verstrickung ist fatal. Natürlich vergibt sie ihm später. Natürlich verzeiht sie ihm. Brave Kinder sind nicht lange böse. Clara ist sensibel. Sie hat schon früh gelernt, die Bedürfnisse ihres Vaters zu erspüren und sich ihnen, um den Preis ihrer eigenen Gefühle, anzupassen. Daher reagiert sie wieder so, wie sie es als Kind erlernt hat und landet schließlich bei der anfangs zitierten Glorifizierung des Vaters. Wie lauten doch die erwähnten Zeilen aus ihrem Tagebuch anläßlich seines Todes? Sie war gehoben durch ein Dankbarkeitsgefühl, das sie durch ihr ganzes Leben begleitet hat. Sie lobte seinen schönen Einfluß. Er war ihr alles gewesen. Ihr gelingt eine perfekte Verdrängung der Wunden, die er ihr zugefügt hat ...

Clara und Robert heiraten. Der Vater arrangiert sich letztlich mit diesem Schritt. Aber die Ehe wird nicht glücklich. Clara, vom Vater nicht um ihrer selbst willen geliebt und geachtet, ist zu authentischen Gefühlen nicht fähig; schon gar nicht ihren Kindern gegenüber. Sie bringt acht Kinder zur Welt, aber sie, die ohne Mutter aufwuchs, kann ihnen keine mütterlichen Gefühle entgegenbringen. Die Kinder sind ihr eher lästig. Wie soll sie ihnen auch positive Gefühle zeigen können? Sie steckt ja in dem Millerschen Teufelskreis! Der Haß, den sie als Kind dem Vater gegenüber empfunden hat, den sie aber ganz schnell in die tiefsten Tiefen verdrängt hat, weil sie von ihm abhängig gewesen ist, wird auf ihre Kinder projiziert. Das gequälte Kind in ihr quält als Mutter nun die eigenen Kinder. Es liegt kein Glück über ihrer Familie, die sie beherrscht wie einst ihr Vater sie beherrscht hat. In einer einsichtigen Stunde hat Clara erkannt: „So fehlt meiner Persönlichkeit Alles, was dazu gehört, Glück in der Welt zu machen."

Sie wird auch mit Robert Schumann nicht glücklich. In den gemeinsamen Ehejahren kritisieren beide gegenseitig aufs heftigste ihre künstlerische Arbeit. Der Traum, künstlerisch gemeinsam tätig zu werden, indem sie seine Werke interpretiert, scheitert. Und Inge Stephan vermutet, daß Schumanns Selbstmordversuch im Jahr 1854 „auch eine Reaktion auf das Scheitern der romantischen Liebesbund-Idee war, auf die er sich und Clara mit der Heirat verpflichtet hatte".

Clara verliebt sich in Johannes Brahms und kümmert sich nicht einmal um ihren Mann, als der nach seinem Selbstmordversuch in die Irrenanstalt eingeliefert wird. Selbst als Robert in einen Hungerstreik tritt – vermutlich um an Claras Mitgefühl zu appellieren, ihn endlich aus der Klinik herauszuholen – besucht sie ihn nicht. Lediglich zwei Tage vor seinem Tod eilt sie an sein Krankenbett. Als er stirbt, ist sie mit Brahms unterwegs. Hat sie überhaupt an seiner Beerdigung teilgenommen? Sein Begräbnis hat sie „nicht bekannt gemacht, weil ich nicht wünschte, daß viele Fremde kämen. Seine liebsten Freunde gingen ja voran, ich hinterher (unbemerkt), und so war es am besten, gewiß in seinem Sinne!"

Warum geht sie hinterher? Unbemerkt am Schluß? Der berühmte Liedsänger Dietrich Fischer-Dieskau scheint ebenfalls seine Zweifel zu haben. In seiner Schumann-Monographie meint er lakonisch: „Claras Beteiligung an dem Begräbnis ist bis heute nicht erwiesen." Und es ist im übrigen Brahms, der ein Jahr nach Schumanns Tod einen Grabstein für ihn aufstellen läßt. Er schreibt an Clara: „In Deinem Namen will ich's tun."

Clara Wieck-Schumann – eine unglückliche Frau, weil in ihr die verschütteten Gefühle einer unglücklichen Tochter schlummerten. Klar sind ihr diese Zusammenhänge natürlich nicht gewesen. Klar ist ihr auch nicht gewesen, warum sie nicht beim Tod ihrer Kinder, nicht beim Tod ihres Mannes, nicht beim Tod ihrer Mutter, sondern nur 1873 bei dem Tod ihres Vaters geweint hat. Sie war eine einsame Frau. Die einzigen intensiveren Gedanken galten ihrer Musik. Sie ließ sich nach Robert Schumanns Tod in den Konzertsälen als Pianistin feiern. Sie spielte noch, als sie körperlich eigentlich nicht mehr in der Lage dazu war. Sie lebte das Leben, das ihr Vater für sie bestimmt hatte. Und dafür war sie ihm noch dankbar.

Das fehlende Bewußtsein braver Töchter – das ist die eigentliche Tragik des Tochter-Vater-Konflikts. Hier ist nicht die Rede von den „guten" Töchtern mit wirklich „guten" Eltern und einer „guten" Erwachsenenbeziehung zu ihnen. Sie gibt es natürlich auch in großer Zahl, denn nicht in jeder Familie spielen sich solche Dramen ab, wie sie in diesem Buch thematisiert werden. Hier ist die Rede von verletzten Töchtern, die „brav" im Sinne von angepaßt wurden, weil sie als kleine Kinder die seelischen

Verletzungen durch ihre Eltern nicht ertragen konnten. Diese Differenzierung ist höchst wichtig. Denn von außen sieht man oft keinen Unterschied. Er spielt sich im Innenleben ab.

Eine Tochter, deren Eltern es zugelassen haben, daß sie ihre Bedürfnisse frei entfaltet, wird in sich ruhen und eins mit sich sein. Eine Tochter, die sich den Bedürfnissen ihrer Eltern angepaßt hat, indem sie lernte, unerwünschte Gefühle nicht zu fühlen, sondern zu verdrängen, lebt später nicht sich selbst. Sie hat kein Bewußtsein für sich. Da sie aber Meisterin im Verdrängen werden mußte, gesteht sie sich die Fehler ihrer Eltern nicht ein. Ganz im Gegenteil: Sie wird eine ganz besonders brave Tochter und idealisiert Mutter und Vater. Das ist der Grund, warum Clara Wieck-Schumann, obwohl wir objektiv sehen, wie egozentrisch und unfair ihr Vater sich verhalten hat, letztlich nur positive Worte für ihn findet: „Heiß hatte ich ihn geliebt" . . .

Von außen betrachtet, sind Töchter wie Clara häufig angesehene und erfolgreiche Frauen. Die engagierte, zufriedene Hausfrau. Die Managerin, die Karriere macht. Die fleißige, zielstrebige Studentin. Die aktive, ihren Mann unterstützende Ehefrau. Die ehrgeizige, selbständige Geschäftsfrau. Sie sind Überfrauen. Doch hinter der Fassade von bürgerlichem Perfektionismus und verordneter Zufriedenheit sieht es düster aus. Die heile Welt ist Makulatur.

Die Intensität seelischer Not hinter der Fassade kann grauenhaft sein. Sie kann sich äußern in Depression, Krankheit, Einsamkeit, Bindungsunfähigkeit, Größenwahn oder dem Gefühl einer unerklärlichen inneren Leere. Es gibt vielfältige Möglichkeiten. Doch aus dem Loch kann nur herauskommen, wer bereit ist zu akzeptieren, daß er ein Tochter-Vater-Problem haben könnte. Das können brave Töchter nicht.

Die aus der Verdrängung entstandene Idealisierung verstellt ihnen den Weg. Jedem Psychologen ist dieses Verhalten aus seiner Praxis bekannt: Ihre Kindheit, so schildert dieser Typ Frau, sei ganz besonders glücklich gewesen. Sie habe einen ganz besonders netten Vater gehabt, der sie ganz besonders geliebt habe. Ihr Hauptproblem nennt sie nicht: Entweder mußte sie sich als Kind seiner Übermacht beugen und durfte ihre Bedürfnisse nicht verwirklichen. Oder sie litt an einem Defizit, weil er meistens abwesend war und weder Zeit noch Interesse für sie hatte. Das ist die Tochter, die niemals rebellisch wird und niemals opponiert, denn sie hat durch die Erwartungshaltung des Vaters Yang-Werte wie Beherrschung und Kontrolle internalisiert.

Margot (48) ist so ein Fall. Sie ist eine angesehene Rechtsanwältin mit eigener Kanzlei, lebt mit einem Staatsanwalt zusammen. Fast immer hat sie einen 12-Stunden-Tag, aber es gelingt ihr trotzdem, jeden Abend auf perfekt gedecktem Tisch ein perfekt gekochtes dreigängiges Menü für ihn und sich zu servieren. Dabei sieht sie um 22 Uhr noch so gestylt und wohl arrangiert aus wie am Morgen, nachdem sie sich vor dem Badezimmerspiegel zurechtgemacht hat. In dem Appartement, das ihr Freund und sie bewohnen, liegt alles an seinem Platz. Unordnung ist ihr verhaßt. Sie ist immer über die neuesten Bücher und anstehende Konzerte informiert und daher auf jedem Fest eine Frau, die ein Mann gern zur Tischdame hat. Sie ist eine Überfrau. Und hinter der perfekten Fassade?

Margot lebt das Leben, das sich ihr Vater, der vor fünfzehn Jahren verstorben ist und den sie natürlich abgöttisch geliebt hat, für sie gewünscht hat. Er wollte, daß sie Anwältin wird und seine Kanzlei übernimmt, und sie erfüllte ihm diesen Wunsch. Eigentlich wäre sie liebend gern Sopranistin geworden: Sie hatte eine begnadete Stimme und sang bereits als Fünfzehnjährige vor Publikum. Aber dem Vater war der Beruf der Sängerin für seine Tochter zu unsicher. Zudem konnte er mit diesem Metier nichts anfangen. Er wollte auch nicht, daß Margot zu früh heiratet, denn er wünschte sich für sie eine Karriere, die durch Kinder und Familie hätte beeinträchtigt werden können. Als Margot später, nach seinem Tod, schwanger werden wollte, klappte es nicht mehr. War sie mit Mitte 30 zu alt oder hatte sie die Ablehnung des Vaters unbewußt so stark internalisiert, daß sie sich eine Schwangerschaft verbot?

Die braven Töchter: Sie sind fast immer besonders charmante

Frauen, die nie aus dem Rahmen fallen, denn eine Rolle zu spielen – das haben sie schließlich gelernt. Sie sind wundervolle Mütter. Perfekte Gastgeberinnen. Bezaubernde Gattinnen. Immer frisch frisiert. Nie ohne Überstunden auskommende Sekretärinnen. Freundlich lächelnde Angestellte. Wir treffen sie überall. Jeder von uns kennt solche Frauen. Sie haben alles, was man sich wünschen kann und haben keine weiteren Wünsche. Sich etwas für sich selbst zu wünschen – das haben sie nicht gelernt.

Vermutlich ist der sensationelle Erfolg des Films „Die Venusfalle" auch auf die psychologische Anlage der Hauptperson Coco zurückzuführen, die von Sonja Kirchberger so stimmig verkörpert wurde. Coco ist eine dieser Vater-Frauen. Erfolgreich, attraktiv, liebend. Aber da sie ihren Lebensmittelpunkt nicht in sich hat, sondern außerhalb, ist sie völlig auf ihren Partner Max fixiert. Sie klammert, hat nur ein Ziel und einen Sinn: ihn! Sie serviert sich ihm – was für eine Symbolik von Regisseur Robert van Ackeren! – im blütenweißen, also unschuldig-reinen Schwesternkittel, auf dem perfekt gedeckten Eßtisch liegend, vor dem Hintergrund ihrer durchgestylten Wohnung, mit einem Glas Wein in der Hand, das Menü bereits serviert, um ihn – die erotische Pose, die sie bezieht, kündigt es von Anfang an an – anschließend zu verführen, ohne ihm einen Funken von Entscheidungsfreiheit zu lassen. Vater-Frauen haben nicht gelernt, frei zu entscheiden und können es daher auch beim Partner nicht zulassen. In ihrer Mann-Frau-Beziehung wiederholen sich erlernte Muster. „In der Gefangenschaft wird bei Tieren das Fell ganz stumpf", sagt Max leise. Coco versteht ihn weder akustisch noch psychisch. Und Max verläßt sie. Er flieht vor der Überfrau auf der Suche nach Authentizität und „wirklicher" Liebe.

Die braven Frauen versprechen einem Mann das Paradies. Aber es wird kein Leben im Schlaraffenland. Sie haben alles, diese Frauen, und sind innerlich doch zerrissen. Das sind die Szenen, die die Außenwelt nicht miterlebt, die ihren Partnern aber das Leben zur Hölle machen können.

Welche Eifersuchtsszenen macht Angelika ihrem treuen Ehemann in Doris Dörries Film „Paradies"! Sie, von Sunnyi Melles einfühlsam nachempfunden, ist sich der Liebe ihres Mannes nicht sicher, weil sie sich schon der Liebe ihres Vaters nicht sicher sein konnte. Sie, nach außen die perfekte Ehefrau, verstrickt sich in immer weiter eskalierende Szenen. Und so treibt sie ihn schließlich in Lottes Bett, ins leidenschaftliche Leben, während sie in ihrer manierierten Wohnung vor einem frisch abgekochten Hummer auf achteckigem weißen Teller auf achteckigem schwarzen Untersatz auf weißem Linnen auf poliertem Glastisch sitzt – und sich besäuft.

Zufall, daß ihre Mutter eine extrem negativ besetzte Rolle spielt und ihr Vater nicht existent ist? Zufall, daß der Mann seine gutaussehende Überfrau wegen ihrer überhaupt nicht perfekten, sogar ungepflegten und biederen Freundin verläßt, die soviel Rührung ausstrahlt? Sie konfrontiert ihn wenigstens mit Wahrheit und lebt nicht nur Schein. Sie lebt sich selbst und nicht nur durch ihn. Zufall, daß er dem „Paradies" entflieht? Das erleben brave, angepaßte Töchter in Partnerschaften immer wieder. Sie schlagen die Männer in die Flucht, weil seelenlos wird, was im Inneren nicht seine Entsprechung findet. Dann stehen sie hilflos vor den Trümmern ihrer Beziehungen: Sie waren doch so brav und angepaßt. Aber mit diesem Verhalten hatten sie schon die Liebe ihrer Väter nicht erringen können.

Die braven Töchter, die perfekte Frauen sind, könnten auch in einem absurden Theaterstück auf der Bühne stehen. Sie haben etwas Marionettenhaftes an sich. Ihr Lächeln erstirbt auf ihren Mündern. Da ist kein Funke, der überspringt und Augen zum Leuchten bringt. Dafür verlieren sie nie die hochgepriesene Contenance. Man benimmt sich nicht daneben. Beherrschung ist es, was sie gelernt haben. Sie sind „Herr" ihrer Gefühle.

Würden brave Frauen sich wenigstens mit anderen Frauen, die sich in einer ähnlichen Situaiton befinden, zusammentun, und über sich zu reden anfangen. Viele sind dadurch schon auf Vaterspuren gestoßen. Wie aus braven Müttern und Töchtern auf einmal rebellierende, opponierende Frauen werden, die ihre Unterdrückung nicht mehr zulassen – diesen Wandel zeigt Birgit Vanderbeke auf faszinierende und zugleich bösartige Art und Weise in ihrem Buch „Das Muschelessen", für das sie den Ingeborg-Bachmann-Preis erhielt. Mutter, Tochter und Sohn sitzen am festlich gedeckten Tisch und erwarten den Vater, der von einer Dienstreise zurückkommen soll, mit einem Muschelessen, da dies sein Lieblingsgericht ist. Mehr passiert nicht in diesem Buch. Und dennoch geschieht soviel, während diese Familie auf den Vater wartet und sich durch die Zeit, die sie einmal ohne Vater verbringt, langsam darüber klar wird, wie sehr dieser die Familie beherrscht hat und wie sehr alle anderen zu kurz gekommen sind. Die Tochter über die Mutter:

„Wir haben das Schuften und Rackern natürlich gesehen, wie sie die schweren Tüten und Taschen geschleppt hat; auch abends, wenn mein Vater nach Hause kam, hat sie noch ziemlich geschuftet und gerackert, und wenn kein Bier da war, ist sie schnell gelaufen, auch für die Zigaretten; alles, was mein Vater vergessen hat, auf dem Heimweg sich mitzubringen, das hat sie am Abend noch schnell geholt, mein Vater hat viel geraucht, und da hat meine Mutter oft laufen müssen, aber er hat das abgespannte Gesicht nicht sehen können von meiner Mutter, und da hat sie sich also umgestellt, das war dann ihr Feierabendgesicht, was sie sich abends im Bad um halb sechs schnell angemalt hat, bevor mein Vater nach Hause kam, dieses Feierabendgesicht hat aber nur eine Stunde etwa gehalten und mußte dann nachgezogen werden."

Die Tochter über die Situation des Wartens:

„Wenn mein Vater um sechs Uhr gekommen wäre, wäre es uns auch nicht aufgefallen, daß das Umstellen auf meinen Vater nutzlos und lächerlich war. Meine Mutter hat kurz nach sieben gesagt, es wird doch hoffentlich nichts passiert sein, und aus reiner Bosheit habe ich darauf gesagt, und wenn schon, weil ich plötzlich fand, daß mein Vater ein Spielverderber wäre, vielmehr ein Stimmungsverderber, auf einmal habe ich mir gewünscht, daß er nicht mehr zurückkäme, obwohl, wie gesagt, eine Stunde zuvor es ganz selbstverständlich gewesen ist, daß er nach Hause kommt und sagt, na, wie bin ich, weil er erfolgreich gewesen wäre, so sehr waren wir darauf eingestellt. Meine Mutter hat mich zwar angesehen, aber nicht so entsetzt, wie ich erwartet hatte, sondern mit schräggelegtem Kopf, dann hat sie gelächelt und gesagt, nun, wir werden sehen, und es hat nicht so geklungen, als würde sie es verwunderlich oder schlimm finden, wenn er jetzt einfach nicht käme."

Die Tochter schließlich über sich und ihren Vater:

„Mein Bruder hat von mir auch gedacht, ich petze, weil ich zeigen will, daß ich Vaters Tochter bin, damals haben wir nämlich noch immer gesagt, ich bin Vaters Tochter, und mein Bruder ist Mutters Sohn, weil mein Bruder sehr anschmiegsam war, ein Schmusekind, und immer die Mutter geküßt hat, mich nicht, weil ich es mir heftig verbeten habe, ich bin nach meinem Vater geschlagen, habe ich gedacht, der ein Logiker war, und meine Mutter und mein Bruder waren alles andere als Logiker, deshalb haben wir, mein Vater und ich, sie immer verspottet, und sie haben sehr gezögert, etwas zu mir zu sagen, sich über den Vater etwa bei mir zu beklagen, weil sie dachten, ich verpetze sie, damit alle sehen, daß ich Vaters Tochter bin . . . tatsächlich habe ich die Logik von meinem Vater nicht gut begreifen können und nur immer so getan."

Der Ausbruch aus selbstverständlichen Ritualen schafft in diesem Tochter-Vater-Buch die Voraussetzung für eine Bewußtseinswerdung. Sie alle, Mutter, Sohn und Tochter, haben sich auf ihre Weise ihm untergeordnet und nicht sich selbst gelebt. Wenn der Vater nach Hause kam, stellten sie sich um – und damit auf ihn ein. Dabei wurde gegenseitiges Begreifen für alle Familienmitglieder unmöglich. Es kam so weit, daß die Tochter sich schon als Vater-Tochter sah, obwohl sie ihm alles andere als nah war. Das Begreifen im gemeinsamen Dialog öffnete allen die Augen. Daß Birgit Vanderbeke in diesem bitterbösen Buch, dem „Hexenkessel eines Vater-Mutter-Kinder-Lebens", den Vater nie mehr auftauchen, sondern verschwunden bleiben läßt, ist eine eindeutige Symbolik.

Aus braven Töchtern können also kritische Töchter im positiven Sinne des Wortes werden: genau hinsehende Frauen, prüfend, beurteilend, abwägend. Sie können sich emanzipieren, wobei Emanzipation als Organisation der Bedürfnisse gegen die Verhältnisse verstanden werden soll. Die weiteren Kapitel dieses Buches zeigen, daß die Öffnung hin zu einem kritischen Bewußtsein oft nur über eine anfängliche Ablehnung des Vaters funktioniert, ehe Verständnis überhaupt möglich wird. Das folgende Kapitel mit Interviews betroffener Frauen birgt viel Haß in sich. Haß bis hin zum Vernichtungswillen: Dann wird die Individualität des Vaters nicht mehr wahrgenommen. Dann ist der Blick für die Zusammenhänge verstellt, warum er so an der Tochter gehandelt hat und nicht anders handeln konnte. Erst im letzten Kapitel kommen Töchter zu Wort, die ihre Väter mit kritischem Bewußtsein akzeptieren. Die Aufhebung ihrer Verdrängungsmechanismen hat ein gewaltiges Potential an Enttäuschung freigesetzt. Aus Enttäuschung aber muß man nicht hassen. Sie läßt eigentlich etwas sehr Positives zu: Die Tochter wird ent-täuscht. Da sie keiner Täuschung mehr unterliegt, ist sie offen, „ja" zu sagen zur Wahrheit.

III. Die Ablehnung des Vaters
Betroffene sprechen

„Er schlug die Angst in mich hinein"
Die depressive Reaktion

Maren
49 Jahre, Marktforscherin, verheiratet, eine Tochter

Maren hat Kerzen angezündet, Kuchen gekauft, Tee gekocht und im Hintergrund klassische Musik aufgelegt. Das tut sie nicht nur, weil sie Besuch hat. Maren hat gelernt, sich selbst etwas Gutes zu tun. Das wurde höchste Zeit.

Obwohl Marens Vater schon vor dreißig Jahren gestorben ist, verfolgt er sie noch heute wie ein Schatten. Daß sie in den letzten Jahren tiefe depressive Phasen durchlebt hat, ist eine Reaktion auf ihn. Durch seinen Alkoholismus und seine Gewalttätigkeit zwang er das Kind Maren dazu, seine natürlichen Proteste und Aggressionen zu unterdrücken. Das Kind verstummte. Und die erwachsene Frau richtete unbewußt die versteckten Aggressionen ihrer Kindheit nach innen: Sie wurde depressiv.

»Mein Vater hatte immer sechs Jungen haben wollen. Statt dessen gebar meine Mutter ihm vier Mädchen. Als ich als die Jüngste von uns Kindern 1943 auf die Welt kam, schickte die NS-Frauenschaft meinen Eltern eine Art Beileidsschreiben. Deutsche Jungen brauchte das Volk. Mädchen wie wir waren minderwertig.

Meine Mutter hat es nie gestört, daß sie „nur" Mädchen hatte. Meine Mutter war so sanftmütig, daß sie gar keine ablehnenden Gedanken hegen konnte. Sie war glücklich, uns zu haben, auch wenn es sehr an ihrer Gesundheit zehrte, während des Krieges fast jedes Jahr ein Kind auf die Welt bringen zu müssen, das mein Vater zeugte, wenn er seinen jährlichen Fronturlaub antrat. Trotzdem hatte meine Mutter jedes von uns lieb und zeigte es uns in ihrer stillen Art immer wieder. Meine Mutter war das Gegenteil von meinem Vater.

Er wuchs auf als Sohn eines Müllereibesitzers in einer bürgerlichen Unternehmerfamilie. Er genoß eine exzellente Erziehung. Tennis. Reiten. Dienstpersonal. Seine Herkunft äußerte sich später darin, daß er arrogant war und von jedem als Herr eingeschätzt und angesehen wurde. Er war eine Persönlichkeit mit bestem Benehmen, einer herausragenden Allgemeinbildung und auf eine eigenwillige Art und Weise, die ich nicht konkret beschreiben könnte, hatte er sogar Charme.

Zwar äußerte die Familie meines Vaters immer mit einem gewissen Stolz, daß sie früher sogar einen Juden bei sich hatte wohnen lassen. Das täuschte jedoch nicht über die Tatsache hinweg, daß mein Vater ein waschechter Nazi war. Er meldete sich freiwillig zur Reiter-SS und als er 1947, 44 Jahre alt und erschreckend abgemagert und verhärmt, aus russischer Kriegsgefangenschaft zu uns nach Hause zurückkehrte, verhielt er sich wie alle Nazis seiner Generation, die freiwillig in den Krieg gezogen waren: Er schwieg. Mitscherlichs berühmte Unfähigkeit zu trauern. Es hatte den Anschein, als habe der Krieg nicht stattgefunden, und wenn doch, dann auf einem anderen Planeten, zu dem wir alle keinen Zugang hatten. Mein Vater berichtete absolut nichts vom Krieg. Er erzählte in seinem ganzen weiteren Leben keinem einzigen Menschen, nicht einmal meiner verständnisvollen Mutter, wie er den Krieg und die Gefangenschaft erlebt hatte und was er sicherlich auch für Qualen hatte über sich ergehen lassen müssen. Er war im Jahre 1947 auf einmal wieder da, als wenn zwischendurch in seinem Leben nichts Wesentliches geschehen wäre, und versuchte, obwohl er keines von uns Kindern kannte und obwohl er uns völlig fremd war, den Vater zu spielen, indem er meiner Mutter, die in all diesen Jahren allein für uns gesorgt hatte, das Ruder aus der Hand nahm. Die einzige Verhaltensweise, die erkennen ließ, daß er den Krieg mitgemacht hatte, war sein Spaß, uns die Ränge, die es beim Militär gegeben hatte, beizubringen. Allerdings erfuhr ich nie, welche Position er selbst innegehabt hatte. Meine Mutter erzählte es uns auch nie, wobei ich nicht einmal sagen könnte, ob sie es überhaupt gewußt hat. Meine Eltern sprachen kaum miteinander.

Zu den Erziehungsmethoden meines Vaters gehörte es, seine Kinder zu schlagen. Nach außen hin hatte er das beste Benehmen und die höflichste Art und Weise, sich zu artikulieren. Zu Hause drosch er drauflos. Er war ohne Übertreibung ein despotischer, tyrannischer, unterdrückender Mann. Er sah für sich selbst keine andere Möglichkeit, als sich herrisch und schlagend zu verhalten, wenn er mit uns Kindern nicht weiterwußte. Er war nicht in der Lage, mit uns zu diskutieren oder sich in irgendeiner anderen Form verbal auseinanderzusetzen. Er konnte sich nur mit den Mitteln Zorn und Gewalt ausdrücken. Meine Mutter schlug er nicht, aber sie litt mit uns. Sie versuchte, wann immer es möglich war, uns in Schutz zu nehmen, aber mit ihrer liebevollen Sanftheit konnte sie sich ihm gegenüber nicht durchsetzen. Sie ordnete sich ihm völlig unter. Er fand ihre Art, mit uns umzugehen, zu lasch und bestimmte, daß seine Erziehungsmethoden Vorrang haben müßten. Meine Mutter versuchte das Ihre auf ihre Weise. Sie räumte lieber im Vorfeld drei Sachen mehr von uns in den Schrank, bevor er nach Hause kam und wegen unserer Unordnung zu brüllen und möglicherweise zu schlagen anfing. Sie starb später an Krebs, und ich denke, daß auch sie sehr unter ihm gelitten hat, ohne sich wehren zu können. Sie hat nie schlecht über ihn gesprochen, weil das nicht zu ihrer Art gepaßt hätte. Aber ich erinnere mich noch genau, als ich ein kleines Mädchen von vielleicht neun Jahren war und meine Mutter und ich ein einziges Mal allein in der Stadt waren, um etwas für mich zu kaufen. Sie hatte ganz leuchtende Augen, als sie zu mir sagte: „Muscha, jetzt erfüllen wir uns einen ganz großen Wunsch!" Dann aßen wir jeder ein ganzes Stück Kuchen. Diese leuchtenden Augen, die so selten strahlten, weil sie so selten Grund zum Strahlen hatten, werde ich nicht vergessen.

Wir Töchter wurden alle gleichwertig schlecht von meinem Vater behandelt, und wir hatten alle Angst vor ihm. Wenn ich mich Weihnachten oder wenn wir Gäste hatten, auf einen Stuhl stellen mußte, um ein Gedicht aufzusagen oder ein Lied zu singen, klatschte er zwar und gab einem einen Kuß auf die Wange, nannte einen sein Liebstes oder sein Süßestes. Aber das waren Ausnahmesituationen, die keine Sekunde über sein wahres Wesen hinwegtäuschten. Wenn draußen vor unserem Haus eine Autotür knallte, zuckten wir zusammen. Die Angst vor ihm war so groß, daß sich aus diesem Grund in unserer Familie sogar ein Unfall ereignete, an dem ich mitschuldig war.

Mein Elternhaus war berankt mit wildem Wein, der an einem drahtigen, rostigen Zaun nach oben kletterte. Davor befand sich ein Hof, auf dem wir Kinder Ball spielten oder, als wir noch ganz klein waren, Fahrradfahren übten. In der Mitte dieses Hofes stand ein Birnbaum mit köstlichen, wohlschmeckenden Früchten. Meine Schwester und ich hatten großen Appetit auf diese Früchte. Ich stand Schmiere und meine Schwester kletterte den rostigen Zaun, an dem sich der Wein hochrankte, nach oben. Plötzlich hörte ich die Stimme unseres Vaters, der wohl früher von der Arbeit nach Hause gekommen war. Ich bekam es mit der Angst zu tun. „Vati kommt!" brüllte ich meiner Schwester zu. Sie bekam einen so großen Schreck, daß sie vergaß, sich festzuhalten und nach unten fiel. Dabei schlitzte sie sich an dem rostigen Draht den ganzen Arm auf, so daß er genäht werden mußte. Ich erinnere mich immer wieder, sogar noch heute, an diese Szene, weil sie deutlich macht, was allein die schlichte Tatsache, daß mein Vater nach Hause kam, an Ängsten auslösen konnte.

Er strafte nie gerecht, was man als Kind eventuell noch hätte nachvollziehen können. Ihm fielen meist hanebüchene Verbote ein, die einen wütend machen konnten, obwohl man die Wut aus Angst vor seiner Gewalttätigkeit nicht artikulierte. Ich weiß zum Beispiel noch genau, wie sehr ich mich als junges Mädchen auf den Abschlußball unserer Tanzschule gefreut hatte. Ich hatte mich auch mit einem Jungen verabredet, den ich anhimmelte. Und plötzlich sagte mein Vater, der an den Ball gar nicht mehr gedacht hatte, „Nein". Er verbot mir einfach dieses Fest. „Du mußt Verzicht lernen", war sein Argument. Als ich ihm sagte, wie sehr ich mich auf den Abtanzball freuen und daß ich ihn gar nicht verstehen würde, reagierte er nicht. Es blieb beim kategorischen „Nein", bei einem „Nein", das kein Kind der Welt verstehen würde. Meine Argumente, die ich in diesem Fall sogar äußerte, was ich selten genug tat, zählten nicht. Er sprach Verbote aus, ohne daß man überhaupt begriff, warum. Dann schlug er die Angst in mich hinein.

Hinzu kam, daß mein Vater alkoholabhängig war. Das wurde zwar gut vertuscht und durch die Kontakte, die er hatte, war es sogar möglich, drei Autounfälle, die er im Suff verschuldet hatte, so hinzudrehen, daß das Thema Alkohol vergessen wurde. Aber der Alkohol spielte bei seinen Reaktionen uns gegenüber natürlich eine erhebliche Rolle, weil er seine Schikanen und Aggressionen uns gegenüber noch förderte. Wenn er zuviel getrunken hatte, konnte er uns als kleine Kinder fast die ganze Nacht lang wachhalten, um mit uns seine Geschäftsprobleme zu „diskutieren" oder um uns für unsere Schulnoten zu tadeln. Er fand dann nicht ins Bett und ließ uns nicht in Ruhe. Anerkennung bekamen wir nie zu hören. Es wurde auch nie von Liebe gesprochen. Er stieß in solchen Situationen vor allem Drohungen aus und langte uns eine, wenn wir es wagten, ihm zu widersprechen. Wir wußten überhaupt nicht, was er von uns wollte und wo es langging. Aber wir lernten durch seinen Alkoholismus, den Mund zu halten und zu kuschen. Wir selbst reagierten nie aggressiv, weil wir viel zuviel Angst hatten. Wir schwiegen und perfektionierten unser Schweigen so weit, daß die Menschen in unserer Umgebung, die Lehrer, die Nachbarn oder Bekannte, überhaupt keine Ahnung davon hatten, daß mein Vater Alkoholiker war. Nach außen stellte er den charmanten, gebildeten, kultivierten Herrn dar. Das gelang ihm auch, weil er tagsüber nie richtig besoffen war, auch wenn er immer ein gewisses Quantum intus hatte. Nur abends zu Hause ließ er sich vollaufen. Wenn er nichts zu trinken hatte, verdonnerte er uns Kinder, Alkohol für ihn zu kaufen. Oder er ging los in seine Stammkneipen in der Großstadt, in denen die Zecher unter sich waren und in die es niemanden aus unserem Ort verschlug. Von seinem wahren Wesen wußten die Menschen, die ihn zu kennen glaubten, nichts. Seine wahre Seele kannten nur wir.

Ich kann mir bis heute nicht vollständig erklären, warum mein Vater so war, wie er war. Der Krieg, die Kriegsgefangenschaft, das Schweigen über erlittenes Leid in jenen Jahren – das mag alles eine Rolle gespielt und ihn geprägt haben. Angst vorm Leben. Verdrängung. Es war für einen Mann wie ihn sicherlich nicht leicht, nach diesen schrecklichen, als Nazi mitverschuldeten Kriegsjahren nach Hause zurückzukehren und eine intakte Familie mit fünf weiblichen Wesen vorzufinden, die auch ohne ihn gut klargekommen war. Gründe sind natürlich auch in seiner eigenen Kindheit zu suchen: Sein Vater war nicht bereit, ihn vollkommen zu akzeptieren, weil er nicht wie er selbst und wie die Brüder meines Vaters Unternehmer wurde, sondern lediglich Betriebswirtschaft studierte. Da das Urteil meines Großvaters meinem Vater wichtig war, mag hierin ein Grund dafür liegen, daß er in Wahrheit ein mangelndes Selbstwertgefühl besaß. Ich glaube nicht, daß ein Mensch mit einem ausreichenden Selbstwertgefühl es nötig gehabt hätte, seine Kinder zu schlagen. Schlagen ist immer ein Zeichen von Schwäche, auch wenn diese Einschätzung sich nicht mit dem äußeren Bild, das mein Vater von sich zu vermitteln suchte, deckte. Aus demselben Grund trank mein Vater. Er war zu schwach, Konflikte und Probleme, auch solche, die er mit uns Kindern hatte, durch eine konstruktive Auseinandersetzung zu lösen.

Durch das Verhalten meines Vaters wurde ich gezwungen, zu schweigen und meine Gefühle zu unterdrücken, ohne daß er es je verbal von mir gefordert hätte. Ich hatte um mich und meine Geschwister Angst. Und ich wollte nicht, daß Außenstehende erfuhren, was bei uns zu Hause los war. Die anderen durften nicht wissen, daß er schrie, daß er uns schlug, daß er trank. Ich schwieg auch, wenn er mich zu sich aufs Sofa oder ins Bett zog und, besoffen wie er war, mit mir zu kuscheln anfing. Er hat mich nicht körperlich mißbraucht. Aber er vergewaltigte mich seelisch: Ich mußte mit einem Mann, vor dem ich Angst hatte und der mich in seinem Suff ekelte, Berührungen austauschen. Meine Schwestern haben das auch mit ihm erlebt. Er war so ein widerlicher, alter Mann!

Als meine Mutter an Krebs starb, gegen den sie, schwach wie sie körperlich war, keine Chance hatte, waren wir Kinder zwischen zwölf und siebzehn Jahre alt. Eine der ersten Handlungen meines Vaters war es, eine Einladung an die Freundinnen meiner Mutter auszusprechen, mit denen er zu ihren Lebzeiten niemals Kontakt gepflegt hatte. Er begutachtete jede einzelne von ihnen, um herauszufinden, ob eine dazu taugen könnte, seine zweite Frau zu werden. Die Freundinnen meiner Mutter merkten, was er im Schilde führte. Sie wandten sich angewidert ab und ließen ihn links liegen. Damit hatte mein Vater keine Mutter mehr für seine Kinder und niemanden, der ihm sein Haus führte. Außerdem gingen seine Geschäfte schlecht. Die Firma, die er leitete, hatte er heruntergewirtschaftet, was auch auf seine Alkoholprobleme zurückzuführen gewesen ist. Sie ging pleite.

Wir lebten in jenen Jahren zum Teil bei einer Tante, zum Teil bei ihm. Ich fiel nicht auf. Ich hatte keine pubertären Anfälle. Ich war kein Trotzkopf. Ich war pflegeleicht. Ich begehrte nie auf. Und als ich 17 war, beschloß mein Vater, mich vorzeitig vom Gymnasium zu nehmen. „Auch du mußt Geld verdienen", sagte er und redete irgend etwas von Pflichten und Verantwortung. Nicht das Abitur machen zu können, war für mich zwar schmerzlich, aber auf der anderen Seite war ich froh, endlich frei zu sein und nicht mehr unter seinen Fittichen leben zu müssen. Hallo, neue Welt! Ich war erleichtert und atmete auf. Meine Kindheit, die zu 99 Prozent Leid bedeutet hatte, war vorbei!

Ich habe damals nicht vermutet, daß meine Kindheit mich bis heute, bis zu meinem 49. Lebensjahr, verfolgen würde. Sich zu unterwerfen, seine Aggressionen nicht leben zu können, nie auszusprechen, was man wirklich empfindet, sich in Schweigen zu hüllen, obwohl man innerlich zu explodieren droht – das sind nur einige „Altlasten", mit denen ich noch heute zu kämpfen habe und die ihre Ursachen im Verhalten meines Vaters haben.

Als ich im Alter von 21 meinen heutigen Mann heiratete, war mein Vater, der fast immer gegen alles war, was mir gefiel und was ich tat, erstaunlicherweise für diese Verbindung. Mein Mann, der sieben Jahre älter ist als ich, verstand sich sogar ganz gut mit meinem Vater. Sie gingen in die Kneipe, tranken einen zusammen und diskutierten über Politik. Bei beiden handelte es sich um politisch und geschichtlich interessierte Menschen, und es störte sie nicht, daß sie konträre Meinungen vertraten, denn mein Vater war für die CDU, mein Mann SPD-Anhänger. Mein Mann, von Beruf Makler, war in den Augen meines Vaters ein ordentlicher, fleißiger Kerl. Er hatte, wie man so schön sagt, einen Schlag bei ihm weg.

Mein Vater starb 1964, kurz nach meiner Hochzeit. Aber die Verhaltensweisen, die ich aus meinem Elternhaus kannte, verfolgten mich trotz des Todes meines Vaters während meiner ganzen Ehe. Sie waren die Folge meiner Tochter-Vater-Beziehung. Ich gab, als ich heiratete, das Heft aus der Hand. Mein Mann war derjenige, der wie einst mein Vater die Macht hatte. Ich war die stille, angepaßte Ehefrau, die nie zuvor in ihrem Leben gelernt hatte, ihre eigenen Bedürfnisse zu artikulieren und dies daher auch als verheiratete Frau nicht tat. Mein Mann und ich führten über eine ganze Reihe von Jahren hinweg mit dieser Rollenverteilung sogar eine glückliche Ehe, die ihr Fundament darin hatte, daß ich zu ihm aufschaute und er sich bewundern ließ. Mir fehlte nichts. Bis ich 1981 in tiefe Depressionen verfiel.

Ich hatte in den Jahren von 1981 bis 1988 vier Depressionsschübe, wobei es mit mir von Mal zu Mal schlimmer wurde. 1988 kam ich sogar in eine psychosomatische Klinik, wobei die Ruhigstellung, die man dort an mir vornahm, zusätzlich zu einer Schlaf- und Beruhigungsmittelabhängigkeit führte. Nichts half mir – bis ich auf eine Psychologin stieß, die eineinhalb Jahre mit mir arbeitete. Trotzdem wurde ich im April 1990 rückfällig. Dies war die schlimmste Phase, die ich durchleben mußte.

Du fühlst nichts. Du empfindest nichts. Du kannst nichts sagen. Du bist nicht einmal in der Lage, auf die Straße zu gehen. Es ist ein ewiges In-sich-Hineindenken, aber dabei kannst du nicht einmal weinen. Tot. Verschüttet. Erstarrt. Du bist wie leblos. Aber du hast schreckliche, manchmal undefinierbare körperliche Schmerzen.

Die Therapeutin versuchte, mich mit Rollenspielen aus meiner Depression zu holen. Ich durfte ein Handtuch wringen, als ob ich den Hals meines Vaters in meinen Händen hätte, um ihn zu erwürgen. Ich durfte ihn, den ich im Leben nie angeschrien hatte, im Rollenspiel zusammenbrüllen. Wir versuchten zu erreichen, daß ich meine Gefühle nicht mehr unterdrücken mußte. Depression kommt vom lateinischen „deprimo“, was soviel wie Niederdrücken oder Unterdrücken bedeutet. Ich habe zeit meines Lebens Aggressionen, die zu einer normalen Entwicklung gehören, unterdrückt. Meine Depression ist die versteckte, niedergedrückte Aggression meiner Kindheit, die sich jetzt in Form der Depression nach innen richtet.

Aus dem großen Tief bin ich heraus. Ich habe meine Depression besiegt, auch wenn ich immer wieder einmal leichtere depressive Anwandlungen habe. Daß ich es geschafft habe, war nur durch therapeutische Hilfe möglich. Ich habe viel an meinem Vater gearbeitet. Sein autoritäres Verhalten, gepaart mit seiner Gewalttätigkeit, die durch seinen Alkoholismus verstärkt wurde, zwang einen als Kind, sich bedingungslos zu unterwerfen. Ich konnte mich selbst, wozu auch Aggressionen gehören, nie leben, weil das Äußern solcher Emotionen auf jeden Fall Strafe bedeutet hätte. Ich hatte auch kein Vorbild in meiner Mutter, die sich ebenfalls nicht zur Wehr setzte oder protestierte, sondern sich meinem Vater bedingungslos unterwarf.

Ich versuche heute, mich nicht mehr in die Ecke treiben zu lassen, sondern zu artikulieren, wenn mich etwas stört. Ich übe, „Nein“ zu sagen, wenn ich etwas nicht will. Ich nehme mich mit meinen Gefühlen nicht ständig zurück. Das war am Anfang für meinen Mann und meine heute 23jährige Tochter recht ungewöhnlich. Als ich zum Beispiel im Fernsehen einmal Tennis sah und der Freund meiner Tochter ins Wohnzimmer kam und einfach ein anderes Programm wählte, rastete ich aus. Ich reagierte mit Sicherheit über, was die anderen leicht schockierte. Aber für mich war diese Reaktion wichtig, weil ich zum Ausdruck bringen konnte, daß mich sein Verhalten gestört hatte.

Ich versuche heute, mir selbst etwas Gutes zu tun. Wenn mir nicht wohl ist, lege ich mich mit einer Wärmflasche aufs Sofa und höre Musik, die ich so liebe. Ich treffe mich mit Freundinnen, was ich früher in meiner Ehe nie getan habe. Ich lerne, mich unabhängig zu machen, um für mein eigenes seelisches Wohlergehen zu sorgen. Für meinen Mann sind meine Veränderungen schwer nachvollziehbar. Aber ich mußte anfangen, mich um mich selbst zu kümmern und den Ursachen auf den Grund zu gehen. Mein Vater war astrologisch gesehen Fisch, und mein Mann ist ebenfalls Fisch. Das Fischezeitalter, das von Unruhen und Kriegen, Macht und Leid beherrscht ist, geht zu Ende. Das Wassermannzeitalter, das uns auffordert zum Lernen und Erneuern, beginnt. Mein Sonnenzeichen ist der Wassermann. Ich wünsche mir, das Leid loslassen zu können und das Miteinander-Leben zu lernen. Ich bin froh, daß ich die Voraussetzungen dazu geschaffen habe, indem ich angefangen habe, an mir zu arbeiten. Es schmerzt oft, aber es bringt mich weiter. Meine Schwestern, die genauso unter meinem Vater gelitten haben wie ich, haben diesen Schritt nicht getan. Die Älteste ist geschieden und kann kaum mehr sprechen. Die Zweitälteste hat einen alkoholabhängigen Mann geheiratet. Und die dritte hat einen 18 Jahre älteren Lehrer geheiratet, mit dem sie ins Ausland gezogen ist. Er starb vor sechs Jahren an Lungenkrebs, und seitdem ist sie allein und verbittert. Ich denke, mein persönlicher Kampf lohnt sich.«

„Er hat mich einfach im Stich gelassen"

Der endgültige Bruch

Kathy

35 Jahre, Sekretärin, zweimal geschieden, verheiratet, drei Kinder

Ihr Haus strahlt Fröhlichkeit aus. Hellgelb die Wände. Mit bunten Blumen übersät die Vorhänge. Die Sonne läßt die Blätter der alten Bäume des verwilderten Gartens auf dem Terrakotta-Fußboden tanzen. Fünf Kinder spielen im Wohnzimmer, dazwischen Hundegebell und das Zwitschern eines Wellensittichs. Kathy thront in der Mitte des prallen Lebens im Schneidersitz auf einem großen, gemütlichen Korbstuhl. Drei der Kinder, Jan (7), Ole (6) und Birte (4), sind ihre eigenen. Man sieht Kathy an, daß sie eine glückliche Mutter ist. Wenn allerdings das Gespräch auf ihren Vater kommt, verliert sie ihre Lockerheit. Ihre Gesichtszüge wirken plötzlich angespannt. Kathy hat ein extrem schlechtes Verhältnis zu ihrem Vater. Sie hatte so große Probleme mit dieser Beziehung, daß es zum endgültigen Bruch zwischen den beiden kam. Sie haben sich seit fünf Jahren nicht mehr gesehen.

»Seit ich meine eigene Familie habe, bin ich ein anderer Mensch. Jeden Morgen, wenn ich aufwache, könnte ich singen vor Glück. Ich habe es früher nicht für möglich gehalten, daß man so konstant glücklich sein kann. Ich glaube, es vergeht kein Tag, an dem ich mir nicht meines Glückes bewußt bin. Ich denke, daß dieses Bewußtsein viel damit zu tun hat, daß ich jahrzehntelang tief unglücklich gewesen bin. Ich habe eine seelisch grausame Kindheit hinter mir und als Jugendliche und Erwachsene traurige Jahre, in denen ich meiner gescheiterten Kindheit hinterhergelaufen bin. Erst als ich akzeptiert habe, daß mein Vater sich niemals ändert, und als ich es aufgegeben habe, ihn verstehen zu wollen, erhielt ich die Chance eines Neuanfangs für mein eigenes Leben. Für unsere Tochter-Vater-Beziehung bedeutete das allerdings den endgültigen Bruch. Ich konnte nicht mehr. Ich hielt es nicht mehr aus, ihm immer wieder hinterherzulaufen, ohne je Anerkennung von ihm zu erfahren, geschweige denn das Gefühl vermittelt zu bekommen, er würde mich lieben. Für mich existierte keine andere Möglichkeit als die der Trennung, zumal mir dieser Schritt leichter gemacht wurde, da ich mittlerweile meine eigene Familie mit eigenen Kindern habe. Ich habe jetzt endlich ein Zuhause, das mein Vater mir nie geboten hat. Er und ich haben seit Jahren keinen Kontakt mehr zueinander.

Mein Vater ist Anwalt, Verteidiger des Rechts. So wie die Paragraphen das Bürgerliche Gesetzbuch füllen, steckt er selbst voll von unabänderbaren, für ewig festgeschriebenen Formeln und Rastern. Er ist auch in seinem Privatleben ein seelenloser Paragraphen-Hengst. Er ist nicht in der Lage, von den einmal aufgestellten Leitsätzen abzurücken oder sie wenigstens in Frage zu stellen. Wahrscheinlich stellt sich ein Außenstehender vor, daß man als Tochter mit so einem Paragraphen-Vater trotzdem leben kann. In meinem Fall war es nicht möglich. Ich wäre an ihm fast zerbrochen.

Es fing an, als ich drei Jahre alt war, meine jüngere Schwester fast zwei. Da rannte meine Mutter meinem Vater davon. Sie ging in eine andere Stadt und tauchte quasi unter, das heißt: Sie untersagte ihm jeden Kontakt, reichte die Scheidung ein, verzichtete auf alles, auf ihren Anteil am Haus, auf Unterhalt, auf all die Dinge, die sich meine Eltern im Laufe ihrer neunjährigen Ehe angeschafft hatten. Sie blieb einfach weg.

Ich war damals zu jung, um das alles zu verstehen. Ich erinnere mich nicht einmal daran. Sie ist in meinem Leben nie existent gewesen, und alle anderen haben sie ebenso totgeschwiegen wie ich. Als wenn sie nie gelebt hätte. Sie starb, als ich sechs Jahre alt war, was ich erst viel später erfahren habe. Es hieß, sie sei bei einem Verkehrsunfall ums Leben gekommen. Wir werden nie erfahren, was in ihrem Leben vorgefallen ist, aber heute, da ich meinen Vater kenne und weiß, was für ein mieser, liebloser Charakter er ist, könnte ich sie vermutlich verstehen. Aus mir spricht sehr viel Bitternis, aber ich denke wirklich, daß sie es mit ihm nicht ausgehalten hat. Nur weg. Um jeden Preis.

Aufgewachsen bin ich bei meinen Großeltern, den Eltern meiner Mutter. Sie hatten ein kleines Häuschen mit einem großen Walnußbaum, vielen Blumen, Ostbäumen und Gemüse. Daß meine Großeltern älter waren als die Eltern meiner Kindergartenfreundinnen und später meiner Klassenkameraden, habe ich nicht bewußt zur Kenntnis genommen. Ich erinnere mich auch nicht, je darauf angesprochen worden zu sein. Aber natürlich ist es nicht normal, wenn Ende-70jährige zwei kleine Mädchen großziehen.

Kurz vor meinem neunten Geburtstag starb mein Großvater an einer Herzattacke, und meine Großmutter konnte das Haus nicht mehr halten. Sie wollte nicht mehr. Ohne ihren Mann sah sie keinen Sinn mehr in ihrem Leben. Sie ließ sich gehen, alterte innerhalb weniger Monate um Jahre. Sie ging kurz nach dem Tod meines Opas ins Altersheim und starb ein dreiviertel Jahr später. Sie ist an gebrochenem Herzen gestorben.

Mein Vater, der uns bei meinen Großeltern jedes Wochenende besucht hatte, nahm uns nach deren Tod zu sich. Wir wieder bei Papa. Ich glaube, daß sich jeder vorstellen kann, was das bedeutete. Bei Papa zu sein – das ist eben doch unvorstellbar schöner als bei Großeltern, zumal ich Papa als kleines Mädchen so sehr verehrt habe. Er sah so bedeutend aus mit seiner Silberbrille und den silbernen Schläfen und den vielen Akten, die er immer bei sich hatte. Er war für mich die gewichtigste Persönlichkeit, die ich kannte. Wenn er uns manchmal mit zum Essen in sein Restaurant nahm, wurde er mit Namen angesprochen und er hatte einen Extratisch. Mich nannten die Ober „kleines Fräulein" und verneigten sich vor mir, zum Scherz natürlich. Das sind meine einzigen positiven Mädchenerinnerungen. Die einzigen, die ich ohne Groll erzählen kann. Das bin ich als Neunjährige für ein paar Wochen.

Mein Vater, so erfuhr ich später, hatte niemals vorgehabt, uns bei sich zu behalten. Ein Mann kann zwei kleine Mädchen nicht allein großziehen. Ein Mann gehört in den Beruf. Ein Mann hat für Geld und Erfolg zu sorgen. Kinder sind Frauensache. Schublade auf, Klappe zu. Wir fielen nicht in seine Zuständigkeit.

Bis vor ein paar Jahren hatte ich immer wieder einen Traum, der in diese Zeit hineinfällt. Ich umklammerte seinen Bauch und flehte ihn immer wieder an: „Bitte, Papa, bitte, laß uns bei dir bleiben. Ich verspreche auch, daß ich immer meine Schuhe putzen werde." Und im Traum saß ich die ganze Nacht im Keller und putzte alle Schuhe, nicht nur meine, sondern auch die meiner Schwester und seine und die alten meiner Mutter. Er hatte sich immer über den Dreck, den wir Kinder machten, geärgert, und ich dachte, wenn ich jetzt alle Schuhe putze, dann bin ich ganz lieb, und wenn ich ganz lieb bin, dann hat er mich lieb, und dann können wir für immer zusammenbleiben. Mich überkommt noch heute, insbesondere da ich selbst Elternteil bin, Bitterkeit, wenn ich daran denke, daß er uns nicht haben wollte. Er hat uns einfach im Stich gelassen. Ihn haben diese Kindertränen von damals keine Sekunde lang erweicht. Zumindestens hat er nie signalisiert, daß ihm diese Entscheidung leid täte. Ich weiß ja nicht, was in seinem Inneren vorging. Aber selbst später, als ich erwachsen war und verstehen wollte, was ihn damals zu diesem Schritt bewogen haben könnte, kam immer dieselbe Stereotype: „Ein Mann kann zwei kleine Mädchen nicht ohne Frau erziehen." An andere Lösungsmöglichkeiten dachte er nicht. Er hätte sein Büro zum Beispiel nach Hause verlagern oder bei seinem vielen Geld, das er verdiente, ein Kindermädchen einstellen können. Warum hat er es nicht getan? Warum konnte er uns das antun? Warum gab es für ihn nur die Möglichkeit, uns abzuschieben? Ich kann ihm diese Entscheidung bis heute nicht verzeihen, zumal er nie eine tiefschürfendere Erklärung fand. Ich hätte versucht, ihn zu verstehen. Aber wir landeten bei Pflegeeltern.

Es ist klar, was so ein gravierendes Kindheitserlebnis mit dem eigenen Vater in einem Menschen auslöst. Es zerstört dein Urvertrauen, welches vielleicht die wichtigste Lebensgrundlage ist.

Bei jedem neuen Menschen, auf den du triffst, argwöhnst du zumindest unbewußt, daß er dich wie dein Vater in dem Moment im Stich lassen könnte, da du ihn am meisten brauchst. Auf der anderen Seite wirst du von unstillbarer Sehnsucht getrieben, endlich einen Menschen zu finden, dem du vertrauen kannst und der immer für dich da ist. Dabei stehst du dir aufgrund deines abhanden gekommenen Urvertrauens natürlich ständig selbst im Weg. Meine Pflegeeltern, die sich vermutlich alle erdenkliche Mühe gegeben haben, hatten keine Chance. Meine Schwester wurde das introvertierteste Kind, das man sich vorstellen kann. Sie redet auch heute kaum ein Wort und lebt zurückgezogen, in ihrer Musik aufgehend, ein einsames Leben. Ich reagierte auf das Verhalten meines Vaters rebellisch. Frech. Typ schwererziehbar. Mit 11 fing ich, die Tochter dieses angesehenen Rechtsanwalts, zu klauen an.

Ich bestahl meine Pflegemutter. Ich griff in den Ranzen einer Mitschülerin. Ich klaute im Kaufhaus. Mehrfach wurde ich erwischt, aber richtig schlimm wurde es nie, weil die Leute in unserer Kleinstadt natürlich wußten, daß ich die Tochter des Anwalts war. Obwohl ein bißchen Laienpsychologie reicht, um zu erkennen, daß dies das Verhalten eines Kindes ist, das nach Aufmerksamkeit und Zuwendung schreit, reagierte meine Umgebung mit platten Strafmechanismen. Hausarrest. Streichen des Taschengeldes. Mein richtiger Vater sprach kein Wort mehr mit mir. Tagelang tat er so, als ob ich nicht existent wäre. Er strafte mich mit Schweigen.

Schweigen ist in meinen Augen die schlimmste Erziehungsmethode, weil sie krassen Liebesentzug bedeutet. Wenn ein Elternteil sein Kind anschweigt, verliert es den Boden unter den Füßen, weil so getan wird, als sei es nicht existent. Ich wußte damals natürlich, warum mein Vater böse auf mich war. Aber da er nicht mit mir sprach, waren mir seine anderen Gedanken nicht klar. Würde er mich in ein Internat stecken? Oder war er so enttäuscht von mir, daß er gar nicht mehr mit mir reden würde, daß er mich nun sein Leben lang schneiden würde? Daß mein Vater tagelang schwieg, war für mich schlimmer, als jede andere Art von Strafe es hätte sein können. Selbst eine Ohrfeige wäre nicht so grausam gewesen. Aber mein Vater sprach ja nie mit uns. Er fragte ja auch nie etwas. Warum tust du das? Was geht in dir vor? Das wäre doch eine normale Reaktion gewesen. Statt dessen machte er die Schublade auf und die Klappe zu. Mit einem Kind, das klaut, wollte er nichts zu tun haben. Es sind diese Raster in seinem Kopf, auf den ich manchmal am liebsten dreingehauen hätte, damit sein System durcheinanderpurzelt und er neu zu denken anfängt.

Mit so einem Vater und unbewußt wahrscheinlich auch mit einer Mutter, die dich ebenfalls im Stich gelassen hat, ist die Wahrscheinlichkeit, daß du beziehungsunfähig wirst, groß. Anfangs merkst du das nicht, denn als junges Mädchen hast du gar kein Bewußtsein für diese Zusammenhänge. Aber dein Verhalten zu anderen wird nachhaltig geprägt. Insbesondere betrifft das deine Beziehung zu Männern. Ich bin der festen Überzeugung, daß viele Frauen mit einer Vaterbeziehung, die mit meiner vergleichbar ist, viele Männerbekanntschaften haben. Es ist wie eine Sucht. Da der Beginn einer neuen Freundschaft meist besonders intensiv, aufregend und innig ist, werden damit deine geheimsten Wünsche nach Nähe, Wärme und Anerkennung befriedigt. Du stürzt dich halbblind in jede Beziehung, in der du glaubst, diese Werte, die du in deiner Kindheit nicht vermittelt bekommen hast, zu erhalten. Du siehst gar nicht genau hin, um was für einen Mann es sich handelt. Einem Menschen, der kurz vorm Verhungern ist, ist es ja auch egal, was er ißt. Der will nur etwas zu essen bekommen. Du als Tochter willst satt werden. Du brauchst dieses anfängliche Hochgefühl. Es ist klar, daß dieser Zustand, der ohnehin nur Schein ist, nicht lange anhalten kann. Du wirst ent-täuscht im wahrsten Sinne des Wortes. Und stürzt dich in die nächste oberflächliche Beziehung. Nur glücklich wirst du dabei nicht. Ganz im Gegenteil: Jede gescheiterte Beziehung zu einem Mann zeigt dir immer krasser, wie schwer es ist, Nähe, Wärme und Anerkennung zu bekommen, und nun wünschst du sie dir noch mehr als vorher. Ein Kreislauf ohne Ende.

Mit 18, kurz vor dem Abitur, haute ich bei meinen Pflegeelten ab, ließ die Schule sausen und zog zu einem Mann, der 34 Jahre älter war als ich. Ich sah gut aus, hatte eine tolle Figur. Für den Mann, der immerhin mehr als 50 Jahre zählte, war es eine Sache der Eitelkeit. Für mich, wie ich mir einbildete, die große Liebe. Mein Vater war verständlicherweise gegen diese Verbindung. Als wir uns einmal trafen, dachte ich, er würde mich fragen, warum ich das tue und ob ich verliebt sei und was in mir vorgehen würde. Er fragte nicht. Er redete wieder nicht mit mir. Er untersagte mir einfach diese Beziehung mit nur zwei Sätzen: „Das kommt nicht in Frage. Das dulde ich nicht." Sein Raster-Ding. Aber er hatte sich geschnitten. Ich war 18. Mündig. Auf die Tour konnte er mir nicht kommen. Reiner Trotz meinerseits. Ich ließ ihn cool abblitzen: „Das ist meine Sache." Dabei hatte ich mich auf unser Gespräch gefreut. Ich hatte mir so gewünscht, mit ihm reden zu können. Ich hatte ihm erzählen wollen, was für einen tollen Freund ich gefunden hatte, ich, die 34 Jahre jüngere. Ich hatte ihm sagen wollen, wie stolz ich war, daß sich dieser Mann ausgerechnet in mich verliebt hatte. Nichts. Wie immer war nichts mit ihm möglich.

Nach einem halben Jahr ging die Beziehung zu dem Mann in die Brüche. Er wollte mich besitzen, ließ mir keine Freiheit, engte mich ein. Dafür heiratete ich zwei Monate später einen anderen. 18 Jahre älter. Ich wüßte heute nicht mehr zu sagen, was mich an ihm faszinierte. Diese Zeit ist für mich so weit weg, daß ich ihn nicht einmal richtig beschreiben könnte. Ob er Ähnlichkeit mit meinem Vater gehabt hat? Nein, überhaupt nicht. Er war eher lustig. Typ großer Junge. Sein Studium hatte er abgebrochen, jobbte schon seit Jahren als Taxifahrer und genoß ansonsten sein Leben. Wir unternahmen viel, allerdings nie etwas wirklich Anspruchsvolles. Kino. Discos. Wir waren ständig auf Achse. Ein halbes Jahr lang hatten wir viel Spaß miteinander, aber dann kam es immer häufiger zu Streitereien. So sehr mich diese Art von Leben am Anfang gefangengenommen hatte, so sehr fing sie im Laufe der Zeit an, mir auf den Geist zu gehen. Ich wurde immer unzufriedener, nörgelte an ihm herum. Die

Scheidung ging ohne großes Drama über die Bühne. Er hatte auch keine Lust mehr. Es ist für mich heute schwer nachvollziehbar, mit welcher immensen Oberflächlickeit ich an eine Ehe herangegangen bin. Ich war gar nicht reif für eine feste, ernsthafte Bindung. Ich wollte nur Nähe um jeden Preis.

Wenn ich heute über mein damaliges Leben nachdenke, so ist es mir, als sei es auch geprägt gewesen von Entscheidungen, mit denen ich in Opposition zu meinem Vater ging. Schule abbrechen. Kein Abitur. Ein Verhältnis mit einem sehr viel älteren Mann als 18jährige, also zu einer Zeit, zu der meine Klassenkameradinnen gerade den ersten festen gleichaltrigen Freund hatten. Dann auch noch Heirat mit einem Mann, den mein Vater nie kennengelernt hat und den er im übrigen auch nie akzeptiert hätte. Nichts Ordentliches gelernt. Mit Mitte 30 nur jobben. In den Tag hineinleben. Das paßte nicht in sein Weltbild.

Ende 20 war ich, als ich meinen zweiten Mann heiratete. Auch diese Ehe ging schief. Nach einem guten Jahr zog ich aus. Fast auf den Tag genau drei Jahre nach unserer Hochzeit wurde die Scheidung ausgesprochen. Diese Ehe hatte nur ein Gutes: Mein Mann motivierte mich dazu, das Abitur nachzuholen. Er war eigentlich ein ganz Netter und Anständiger, hatte einen grundsoliden Beruf. Lehrer. Zehn Jahre älter als ich. In jener Zeit hatte ich sogar wieder Kontakt zu meinem Vater. Erst schrieben wir uns ein paarmal. Ich informierte ihn über mein neues Leben und es schien ihm auch aus seiner Sicht erträglich zu sein. Er besuchte uns, als wir eine Eigentumswohnung bezogen. Es wurde ein netter Abend, an dem nichts Ernsthaftes geredet wurde, aber auch nichts Negatives passierte. Aber mein Vater und ich verhielten uns nicht so, wie Vater und Tochter normalerweise miteinander umgehen würden oder wie ich es mir zumindest wünschen würde. Wir hatten uns über zwei Jahre lang nicht gesehen. Er umarmte mich nicht. Er gab mir zur Begrüßung keinen Kuß. Er schüttelte mir lediglich die Hand. Ich war unendlich enttäuscht. Wieder eine Hoffnung zunichte. Wieder keine Berührung, keine Nähe, kein Verstehen. Zu jenem Zeitpunkt war vermutlich schon zuviel zwischen meinem Vater und mir geschehen, das wir uns gegenseitig nicht verziehen und das wir vor allem nicht aufgearbeitet hatten. Mein jetziger Mann meinte einmal, daß nicht nur ich von meinem Vater enttäuscht gewesen sein mochte, sondern auch er von mir. Vielleicht dachte er: „Warum kann sie nicht ein liebes Kind sein angesichts der familiären Schwierigkeiten, die wir ohnehin haben. Warum muß sie mir das Leben so schwer machen? Warum muß sie ständig Dinge tun, die ein normaler Mensch nicht nachvollziehen kann?“ Damals, als mein Vater meinen zweiten Mann und mich besuchte, konnte er gar nicht locker sein. Wahrscheinlich hatte er die totale Angst, daß wieder etwas Unmögliches passieren könnte.

Er verhielt sich distanziert und linkisch. Er kramte hinter seinem Rücken einen Blumenstrauß hervor, den er mir nach unserer kühlen Begrüßung überreichte. Rosa Nelken mit Schleierkraut. Die hasse ich wie die Pest. Es gibt keine Blume, die ich spießiger finde.

Meine Vorfreude war hinüber. Ich schaltete unbewußt wieder auf Kontra. Also sah mein Vater auch nicht mehr so gut aus, wie ich ihn als kleines Mädchen erinnerte. Er sah blöd aus. Er war nicht mehr der tolle Typ mit den grauen Schläfen und dem intelligenten Blick durch seine Brille. Kleinkariert fand ich ihn. Grauer Anzug. Braune Schuhe. Hellblaues Hemd, an dem er die oberen beiden Knöpfe geöffnet hatte, um sich eine Spur von Lockerheit zu geben. Dann hatte er auch noch weiße Socken an. Wir alle plapperten Unverbindlichkeiten vor uns hin. Ich hatte gekocht und er lobte meine Kochkunst, was mir angesichts der Tatsache, daß die Spaghetti aneinander klebten und die Bolognese versalzen war, auch keine Freude machte, denn er hatte wieder nicht die Wahrheit gesagt. Eigentlich wußten wir beide, daß wir logen. Ich glaube heute mit dem Abstand, den ich gewonnen habe, daß nicht er sich verändert hatte, sondern daß meine Sicht eine andere geworden war. Es war unser letztes ausgiebigeres Treffen. Was folgte, war noch weniger als das, was an jenem Abend ablief.

Wie sehe ich ihn heute? Nach meiner zweiten Scheidung traf

ich ihn noch ein paarmal. Einmal aßen wir zusammen eine Erbsensuppe am Hauptbahnhof, als er in unserer Stadt beruflich zu tun hatte. Ein anderes Mal sahen wir uns auf der Beerdigung einer entfernten Verwandten, ohne irgendein Wort über uns beide zu verlieren. Und einmal noch, als ich schon mit meinem jetzigen Mann zusammen war, versuchte ich, ohne Haß und Vorurteile mit ihm über sich und mich zu sprechen. Ich hatte zu dem Zeitpunkt schon selbst Kinder und konnte ihn eigentlich noch weniger verstehen als früher, denn Kinder bedeuten so ein großes Glück! Vater und ich gingen an einem Fluß entlang und ich fragte ihn: „Warum hast du uns damals nicht zu dir genommen? Ich frage es nur, um dich zu verstehen. Die Frage soll kein Vorwurf sein." Nach einer Pause, durch die ich den Eindruck gewann, ich würde ihm schon wieder lästig fallen, kam sein Standard-Satz vom Mann, der nicht dazu geschaffen sei, zwei kleine Kinder ohne dazugehörige Mutter zu erziehen. Mehr kam nicht. „Aber wir hätten dich gebraucht", sagte ich. Er schwieg. Ich weinte. Das war das letzte Mal, daß wir etwas voneinander hörten.

Was geht in so einem Mann wie meinem Vater vor? Feigheit? Angst zu versagen? Blanker Egoismus? Mir ist innerhalb des Milieus, aus dem wir kommen, kein anderer Fall bekannt, wo ein Vater so reagiert hätte. Meiner hat uns einfach fallengelassen. Er, der in seinen Sonntagsreden Werte wie Verantwortung für andere, Anstand, Pflichtgefühl hochjubelte. Er hat auf die mieseste Art versagt, auf die ein Vater versagen kann. Aber was ich ihm am meisten übelnehme: Er hat sich nie bemüht, mir eine wirkliche Erklärung für sein Verhalten zu liefern. Ich hätte doch alle Beweggründe zu verstehen versucht. Kinder versuchen doch immer, ihre Eltern zu verstehen. Sie sind eigentlich zu mehr Opfern bereit als Eltern, weil sie deren Liebe existentiell benötigen. Sie sind auf nichts mehr angewiesen als auf diese Liebe.

Ich bin heute relativ ruhig, wenn ich über meinen Vater spreche. Wenn ich nicht direkt angesprochen werde, kreisen meine Gedanken nicht mehr um ihn, denn ich habe wichtigere Bezugspersonen: meine Kinder und meinen Mann. Ich bin zum ersten Mal in meinem Leben nicht in erster Linie Tochter, sondern Ehefrau und Mutter. Je intensiver und glücklicher ich dieses Leben lebe, um so stärker verschwindet mein Vater. Ich habe endlich ein eigenes Zuhause. Nähe. Wärme. Anerkennung. Ich kann Liebe geben, ohne zurückgestoßen zu werden. Das sind die Dinge, um die ich heute kreise.

Meinem Mann verdanke ich viel. Mit seiner Ruhe, die er ausstrahlt; mit seiner Gründlichkeit nachzudenken; mit seiner liebevollen Zuwendung; mit seiner Ernsthaftigkeit, auf mich einzugehen; mit seiner Zärtlichkeit, mit der er mich umfängt – mit diesen Eigenschaften und Verhaltensweisen hat er mich auf- und angenommen. Er ist fünfzehn Jahre älter als ich, und es kann sein, daß er für eine Frau wie mich, die nie einen wirklichen Vater gehabt hat, ein bißchen Vaterersatz ist. Er sieht das so.

Er ist mein Zentrum. Das Zentrum, hinter dem ich ein Leben lang vergebens hinterher gerannt bin. Zu ihm habe ich das blinde Vertrauen, das ich vorher nie zu jemandem gehabt habe. Ich habe so großes Vertrauen, daß wir zusammen sogar Kinder bekommen haben und ich in seinem Immobilienbüro mitarbeite. Wir sind also von morgens bis abends, nahezu ohne Pause, zusammen. Wir umgeben uns und die Kinder mit viel Liebe und sind beide viel für sie da. Wir zeigen uns unsere Gefühle gern.

Daß mein Vater und ich uns beide nach dem damaligen Spaziergang nicht mehr gemeldet haben, ist in Ordnung. Er brachte nur Unruhe in mein Leben und wühlte mich auf, ohne daß wir weitergekommen wären. Ich jagte doch nur hinter ihm her, um etwas zu bekommen, was er nicht geben konnte. Verständigung war nicht möglich.

Ich habe immer an seinem Argument herumgedacht, daß er uns nur weggegeben habe, weil er uns allein nicht erziehen konnte. Ich denke heute, mit dem Abstand, den ich habe, daß er uns einfach nicht geliebt hat. Er war – aus welchen Gründen auch immer – zu überhaupt keiner persönlichen Bindung fähig. Er hatte sie nicht zu meiner Mutter. Er hatte sie nicht zu seinen

Töchtern. Er hatte auch keine Freunde, und von einer neuen Partnerin ist mir nichts bekannt. Er war nicht fähig, einem Menschen tiefe, echte Gefühle entgegenzubringen. Das zu erkennen und zu akzeptieren, ist bitter, weil es die Einsicht beinhaltet, daß du als Tochter in bezug auf deine Beziehung zu ihm nichts verändern kannst. Daß ich so häufig den Traum hatte, im Keller die Schuhe zu putzen, damit er mich liebhat, zeigt mir meinen starken Wunsch von damals, durch eigenes Handeln seine Liebe erwirken zu können. Als kleines Kind wäre ich bereit gewesen, mich total zu verbiegen und alles möglich zu machen, was er sich wünschte, um von ihm geliebt zu werden. Den Wunsch habe ich aufgegeben. Ich habe statt dessen akzeptiert, daß unsere Beziehung immer distanziert und liebesleer bleiben wird. Das hat mich anfangs emotional sehr verletzt. Heute, aus der Entfernung zu ihm, kann ich damit leben. Ich lasse ihn nicht mehr an mich herankommen. Ich wahre durch die Trennung diesen Abstand. Das ist ein ganzes Stück Verdrängung und Vermeidungsstrategie, aber für mich ist es zur Zeit die beste Möglichkeit. Ich will mir nicht mehr wehtun lassen. Und je inniger mein eigenes Familienleben wird, desto mehr verschwindet er. Ich bin in meinem Glück auf ganz andere Menschen fixiert, die mein Leben und Fühlen ausmachen. Es wird häufig gesagt, daß sich eine Tochter erst vollständig abnabelt, wenn sie selbst eine Familie hat. Ich glaube, irgendwann werde ich gar nicht mehr an meinen Vater denken. Dann ist er ausgelöscht.«

„Er hätte mich beschützen müssen"

Die Suche nach Geborgenheit

Regine

21 Jahre, Germanistikstudentin, ledig

Anfangs fällt ihr nicht viel zu ihrer Vater-Tochter-Beziehung ein: Es fehlt Regine an greifbaren Erinnerungen. Nicht eine einzige Szene, die ihren Vater ausmacht, fällt ihr ein. Doch plötzlich sprudelt es aus ihr hervor. Es entlädt sich eine geballte Ladung an Enttäuschung und Wut über ihn und ihre Stiefmutter, die sie großgezogen hat. Dabei fällt auf, wie unbekannt solche Gefühlsregungen Regine zu sein scheinen. Mit ihr assoziiert man eher Adjektive wie liebevoll, zärtlich, vielleicht sogar naiv. Sie weckt in ihrem Gegenüber Beschützerinstinkte.

»Das erste Bild, das sich vor mein Auge drängt, wenn ich versuche, mir meinen Vater in der Zeit, als ich Kind war, vorzustellen, ist ein Wunschbild. Ich habe rote Shorts und ein weißes T-Shirt an, bunte Turnschuhe und ein lustiges Band im Haar, mit dem meine strubbeligen roten Haare gezähmt wurden. Mein Vater sitzt auf einem großen Lehnstuhl in der Ecke unseres Wohnzimmers, ich auf seinem Schoß. Ich umarme ihn ganz heftig mit beiden Ärmchen und er legt seine rechte Hand auf meinen Hinterkopf. Dabei drückt er ihn fest an seine Schulter. So bleiben wir lange, lange Zeit sitzen. Seine Geste ist unendlich zärtlich und beschützend. Dieses Bild habe ich vor Augen, als ob ich diese Szene sehr, sehr häufig erlebt hätte. Was wehtut, ist die Tatsache, daß nur mein Wunschdenken sie hervorgebracht hat. Solche Gesten habe ich von ihm nie kennengelernt. Wenn er mir nur einmal über die Haare gestrichen hätte . . .

Mein Vater hat sich in seiner Firma hochgearbeitet und es für seine Verhältnisse zu etwas gebracht. Als er meine Mutter heiratete, muß sie für ihn eine sehr gute Partie gewesen sein. Sie kam aus einem wohlhabenden, sehr kultivierten jüdischen Elternhaus. Sie waren, wie ich aus Erzählungen von Verwandten weiß, recht glücklich miteinander. Doch dann starb meine Mutter. Unser Haus lag in einer Kurve. Ein Laster, der zu schnell fuhr und die Geschwindigkeitsbegrenzung nicht beachtete, wurde aus der Kurve geschleudert. Er kippte auf den Fußweg, auf dem meine Mutter ging. Sie kam vom Einkaufen und wollte gerade die Gartentür aufmachen. Sie war auf der Stelle tot.

Ich habe ein Bild von meiner Mutter auf dem Schreibtisch, aber ich habe absolut keine Erinnerungen an sie. Meine ältere Schwester war schon acht, ich war damals, als meine Mutter starb, erst eineinhalb Jahre alt. Mein Vater heiratete ein halbes Jahr später zum zweiten Mal. Wie man sich so schnell nach dem Tod seiner Frau wieder binden kann, ist für mich unvorstellbar. Ich weiß bis heute nicht, ob sie sein Verhältnis war. Sie wurde meine Stiefmutter.

Mir ist klar, daß das Verhältnis von Kindern zu Stiefeltern häufig genug problematisch ist. Aber bei uns zu Hause war es die Hölle. Sie hatte aus ihrer ersten geschiedenen Ehe einen Sohn mitgebracht, der fast genauso alt war wie ich, einen Monat früher geboren. Er war ihr Augapfel. Wie gerne wäre ich er gewesen. Denn ohne Übertreibung: Es war wie in dem Märchen „Aschenputtel". Er mußte nichts tun und ich wurde behandelt wie der letzte Dreck. Wenn ich aus dem Kindergarten kam, servierte sie mir altes Essen, Reste von vor zwei oder drei Tagen. Ich ekelte mich, aber sie setzte sich neben mich und zwang mich, alles aufzuessen, auch wenn ich mich hinterher übergeben mußte. Mich wundert es nicht, daß ich heute nicht schlank, sondern geradezu dürr bin. Jeden Morgen weckte sie mich, indem sie das grelle Licht anschaltete und wie beim Kommiß „Aufstehen" brüllte. Danach mußte ich Brötchen holen und sie behauptete jedesmal, der Bäcker habe mir alte Semmeln vom Vortag angedreht und ich sei selbst zum Brötchen-Holen zu blöd.

Sie ließ mich im kalten Herbst in Shorts draußen die Wäsche aufhängen, und ich durfte mir nichts Wärmeres anziehen. Ich mußte als Zehnjährige die Küche schrubben. Jeden Mittag nach der Schule mußte ich das Geschirr, das sie abgewaschen hatte, abtrocknen. Wenn Freundinnen mich zum Spielen abholen wollten, verbot sie mir den Umgang. Statt dessen steckte sie mich in die Badewanne: Ich sei so dreckig, daß man sich meiner schämen müßte. Einmal räumte sie die Sachen aus meinem Kleiderschrank und ließ sie auf dem Boden liegen. Als mein Vater nach Hause kam, zeigte sie ihm den Kleiderhaufen und warf ihm vor, was für eine schlampige Tochter er habe. Das sind keine Übertreibungen. Es war die Hölle. Wenn ich Widerstand leistete, klebte sie mir eine. Ich wehrte mich nicht. Ich weiß nicht warum, denn im Gegensatz zu mir ließ meine große Schwester sich die Schikanen unserer Stiefmutter keineswegs gefallen. Ich zog mich in mein Zimmer zurück und weinte. Später, als ich schon erwachsen war, meinte sie zu mir, meine Schilderungen seien übertrieben. Aber sie bestritt ihr Verhalten nicht. Sie sagte, sie erkläre es sich aus einer totalen Überforderung ihrerseits. Sie forderte mich dann auf, ihr zu verzeihen. Ich konnte es nicht.

Was ich meinem Vater so übel nehme: Er nahm mich meiner Stiefmutter gegenüber nicht in Schutz. Sicherlich: Sie war seine Frau, der er eine gewisse Art von Loyalität schuldete. Aber er hätte ihr ihre Grenzen aufzeigen müssen. Er tat so, als wenn er von dem Terror, den sie im Haus verbreitete, nichts mitbekommen würde. Die Wahrheit ist, daß er einfach weggesehen hat. Als ich ihm ein einziges Mal sagte, wie sehr sie mich quälen und daß sie mich sogar schlagen würde, ging er zwar sofort hinunter zu ihr in die Küche und haute auf den Putz, so daß ich es bis ins Obergeschoß in mein Kinderzimmer hinein hören konnte. Aber das war seine erste und einzige Reaktion. Warum mußte ich so einen Feigling zum Vater haben? Schlimm genug, daß ich diese Frau ertragen mußte. Aber warum stand er nicht seinen „Mann"? Er war ein Schlappschwanz. Er hatte sie kritisiert, aber verfolgte nicht ihre Reaktion, die zu erwarten war. Sie schikanierte mich tags darauf umso mehr. „Einfach halte ich aus", sagte ich mir damals. „Aber die zweifache und dreifache Strafe – das schaffe ich nicht". Seitdem hielt ich meinen Mund. Ich habe nie wieder aufbegehrt. Es ist für mich heute keine Frage: Mein Vater hätte mich beschützen müssen. Er hätte nicht wegsehen dürfen. Das war sein größter Verrat.

Häufig unterstützte er meine Stiefmutter sogar. Als mir einmal ein Glas auf der frischen Tischdecke, die für Gäste aufgelegt worden war, umkippte, schrie er sofort los: „Wie kann man nur so blöd sein! Guck doch hin, wenn du etwas anfaßt! So etwas Idiotisches!" Und meine Stiefmutter haute in dieselbe Kerbe. Als wir in ein Restaurant zum Essen gingen, schnitt ich ein Stück Fleisch in Stücke, wobei eins unglücklicherweise zu meinem Vater rüberflog und genau auf seinem Schoß landete. Er sprang wutentbrannt auf. Das war das einzige Mal, daß ich eine gewischt bekam. „Du Tölpel! Wie oft willst du uns noch blamieren!" schrie er. Ich sagte nichts. Es war uns verboten worden, etwas zu sagen. Mein Vater ist herzkrank. Damals hatte er bereits zwei Herzinfarkte hinter sich, und es hieß immer: „Regt ihn nicht auf. Er darf sich nicht aufregen!" Vielleicht gab ihm sein Herz aus seiner Sicht die Berechtigung dazu, nur andere zu kritisieren und sich selbst aus allem Streit herauszuhalten.

Merkte er meine Verzweiflung nicht? Jeden Morgen, wenn er um 7 Uhr aus dem Haus ging, klammerte ich mich an ihm fest. Ich fühle mich noch heute an seinem Hosenbein hängen. „Bitte, Dad, geh nicht", flehte ich ihn an. Er muß meine Angst gespürt haben. Natürlich hat er sie gespürt! „Wenn er geht, muß ich sterben!" Diesen Gedanken hatte ich oft. Er ging. „Ich komme bald wieder", sagte er und nahm mich bei diesen Worten nicht einmal in den Arm. Mir war, so klein wie ich war, nicht klar, was „bald" bedeuten würde. Ich hatte Angst.

Auch Tränen konnten meinen Vater nicht rühren. Wenn ich zu weinen anfing, sagte er: „Ich kann dich nicht verstehen, wenn du weinst. Geh auf dein Zimmer, und wenn du dich beruhigt hast, kannst du wiederkommen." Er konnte meine Tränen nicht akzeptieren, und ich unterdrückte sie. Ich beraubte mich dieser wichtigen Gefühlsäußerung in so starkem Maße, daß ich jahrelang überhaupt nicht mehr weinen konnte, auch wenn mir danach zumute war.

Die einzigen Gespräche, die mit ihm möglich waren, führten wir im Auto. Er liebte sein Auto und startete manchmal am Wochenende zu Spritztouren, an denen meine Stiefmutter nicht teilnahm, weil sie Angst vor schnellem Fahren hatte. Um richtige Gespräche handelte es sich allerdings nicht. Mein Vater erzählte mir etwas von Autos, und ich hörte zu. Heute fahre ich ausschließlich Fahrrad.

Gespräche waren mit meinem Vater eigentlich nicht möglich. Das fing schon damit an, daß man ihn vom Fernseher hätte weglocken müssen. Er sitzt den ganzen Tag vor dem Fernseher und läßt sich wahllos vollrieseln. Er schaut gar nicht in die Fernsehzeitschrift, ob eine interessante Sendung angekündigt ist, sondern springt von Programm zu Programm. Es ist unmöglich, ihn dabei zu unterbrechen, und so muß man ihn ansprechen, während der Fernseher läuft. Zuhören kann er einem dabei nicht.

Außerdem nahm mein Vater Kinder nicht ernst. Er fiel uns häufig genug ins Wort, wenn wir gerade dabei waren, etwas zu erzählen. Als ich älter war, waren auch Diskussionen mit ihm nicht möglich. Er ließ nur seine Meinung gelten. Als ich als etwa 15jährige einmal bei den Eltern einer Freundin essen durfte, kamen mir fast die Tränen, als ich erlebte, wie es in dem Haus zuging: Sie diskutierten, hörten einander ernsthaft zu. Meine Freundin als Kind im Haus wurde als vollwertiger Gesprächspartner betrachtet. Es wurde auch akzeptiert, wenn sie einen Wunsch äußerte. Ich habe nie gelernt, meinen Vater um etwas zu bitten. Ich scheue mich noch heute davor, weil er bei allem, was er für mich tut, deutlich macht, wie groß die Anstrengung für ihn ist und wieviel Mühe er sich meinetwegen gibt. Er vermittelt mir niemals das Gefühl, gern für mich dazusein. In seinem ganzen Leben hat er mir nicht einmal gesagt, daß er mich lieb hat. Als ob ich nur Ballast wäre. Neulich zum Beispiel, als er mir half, mein Fahrrad zu reparieren, meinte er hinterher: „Soviel Zeit habe ich nicht noch einmal. Sei das nächste Mal vorsichtiger, daß du dir nicht wieder einen platten Reifen fährst." Er ist Rentner und hat den ganzen Tag lang nichts zu tun. Aber ich machte meinen Mund wieder nicht auf und schluckte meine Enttäuschung still hinunter.

Ich bin der typische Fall eines Kindes, das sich aufgrund seiner Kindheitserfahrungen verbogen hat. Ich bin noch heute nicht dazu in der Lage, mich zu wehren, wenn mir Unrecht geschieht. Es ist unfaßbar, wie sehr ein Kind sich verbiegt, um ein Zipfelchen Liebe und Verständnis von seinen Eltern zu erhalten! Selbst meine Stiefmutter, die ich haßte, versuchte ich als Kind zu umgarnen. Wenn sie mit Nachbarn oder Freunden Karten spielte, was ihre größte Leidenschaft war, stellte ich mich hinter sie und wünschte ihr laut, für jeden anderen vernehmbar: „Hoffentlich bist du diejenige, die gewinnt!" Und als sie einmal einen heftigen Streit mit meinem Vater hatte, ihre Koffer packte und mitten in der Nacht verschwand, freute ich mich zwar in der Tiefe meines Herzens, aber ich sagte zu Dad: „Es wäre schrecklich, wenn sie für immer wegbleiben würde." Nichts hätte ich mir lieber gewünscht! Als sie am nächsten Tag wieder auftauchte, weinte ich und behauptete – was alle mir abnahmen –, es sei vor Glück. Rückblickend betrachtet, empfinde ich, daß ich schleimig gewesen bin. Dafür könnte ich mir heute eine reinhauen.

Ich war ein braves, angepaßtes Mädchen. Meine Sorgen und Nöte vertraute ich keinem an. Nur meinem Tagebuch. Ich hatte es mir von meinem Taschengeld gekauft, und es war abschließbar. Außerdem hatte ich es hinter einer alten Kommode auf dem Dachboden versteckt. Meine Stiefmutter fand es. Sie stahl es und öffnete es mit Gewalt. Als ich vom Turnen kam, lag es mit zerbrochenem Schloß auf meinem Bett. Meine Stiefmutter schrie. In dem Moment kam mein Vater nach Hause. Ich lief, das Tagebuch umklammernd, auf ihn zu, drückte mich an seinen Bauch. „Dad, Dad!" Er beschützte mich wieder nicht vor ihr, obwohl die Situation eindeutig war. Es kam noch schlimmer: Er hielt mich fest und drehte das Tagebuch aus meinen Armen heraus. Er las es ebenfalls. Dieses Verhalten ist für mich noch heute ein großer Verrat. Er hat sich nie auf meine Seite gestellt.

Was meine Eltern in dem Tagebuch entdeckten, war höchst

unangenehm. Ich hatte meinem Tagebuch meine erste Liebe anvertraut – und die gehörte einer Lehrerin. Ich hatte sie in Mathematik in der sechsten Klasse, und ich war hin und weg. Sie war eine ganz liebe Dame und hatte ein zauberhaftes Gemüt. Ich war so verliebt in sie, daß ich ihrem Unterricht gar nicht folgen konnte; ich verstand kein Wort, wenn ich sie ansah. Ich lief ihr hinterher, trug ihre Tasche, hielt ihr die Tür auf. Ich lud mich sogar bei ihr zu Hause unter einem Vorwand, den ich vergessen habe, ein. Sie schenkte mir Tee ein und klönte mit mir. Sie widmete mir ihre Zeit und hörte mir zu. Die Atmosphäre zwischen uns, wie ich sie erinnere, war vertraut. Ich bewunderte sie unendlich.

Als mein Vater las, was ich in mein Tagebuch geschrieben hatte, fing er zu schreien an. „So ein lesbisches Getue! Widerlich! Und das muß ich mit meiner Tochter erleben!" Meine Stiefmutter stimmte in das Gebrüll ein, denn sie suchte jede Gelegenheit, mir eins auszuwischen. Ich war damals 13 Jahre alt und hatte keinen einzigen sexuellen Gedanken bei meiner Liebe für diese Lehrerin. Viel eher vermittelte sie mir ein Gefühl von Mütterlichkeit, nach der ich mich sehnte.

Meine Mutter ist tot. Ich litt darunter, daß sie nicht für mich da war. „Das Verlangen nach der Aufmerksamkeit der Mutter ist uns von Natur aus mitgegeben. Denn ohne diese Aufmerksamkeit würden wir sterben". Dieses Spruchband habe ich noch heute über meinem Bett hängen. Daneben hängt ihr Lieblingsgedicht, das auch mein liebstes Gedicht geworden ist. Es ist von Georg Trakl, dessen Schicksal mich immer mitgenommen hat. Er wurde nicht mit den Gewalttaten des Krieges fertig. Nach einer Schlacht im November 1914 brach er zusammen und starb an einer Überdosis Kokain. Da war er 27 Jahre alt. Er war ein ganz sensibler, melancholischer Mann, der nie froh gewesen ist. Der einzige Junge, in den ich mich einmal verliebte, hatte große Ähnlichkeit mit ihm. Auch er war drogenabhängig. Auch er hatte einen Hang zur Selbstzerstörung. Das Gedicht heißt „In ein altes Stammbuch":

Immer wieder kehrst Du, Melancholie,
O Sanftmut der einsamen Seele.
Zu Ende glüht ein goldener Tag.

Demutsvoll beugt sich dem Schmerz der Geduldige
Tönend von Wohllaut und weichem Wahnsinn.
Siehe! es dämmert schon.

Wieder kehrt die Nacht
Und es klagt ein Sterbliches
Und es leidet ein anderes mit.

Schaudernd unter herbstlichen Sternen
Neigt sich jährlich tiefer das Haupt.

Ich habe meine Mutter immer vermißt. Wie gerne hätte ich sie kennengelernt. Meine Stiefmutter konnte sie mir mit ihrer harschen, entsetzlichen Art nicht ersetzen. Und mein Vater stand nicht hinter mir. Ich hatte niemanden, der mich beschützte. In dieser Situation traf ich auf die Lehrerin, die freundlich zu mir war, mir zuhörte, sich mit mir beschäftigte. Sie vermittelte mir jene Geborgenheit, nach der ich mich sehnte.

Warum mein Vater damals auf die Idee kam, ich könnte lesbisch sein, weiß ich nicht. Allerdings weiß ich nur allzu genau, daß ich mit 15 Jahren anfing, sexuelle Träume zu haben, in denen es um Frauen ging. Ich sah mich beispielsweise mit einer Frau auf dem Sofa liegend, und wir streichelten uns. Es waren zärtliche Phantasien, und dennoch hatte ich ein extrem schlechtes Gewissen. Ich wußte, daß ich etwas „Verbotenes" träumte und daß mein Vater durchdrehen würde, wenn er es erfuhr.

Tatsächlich entwickelte ich mich in die Richtung, die mein Vater erahnt hatte. Ich verliebte mich – rein platonisch – immer in ältere Frauen. Zur Zeit himmele ich wieder eine Frau an, die meine Mutter sein könnte. Es darf nur keiner wissen. Ich zeige es ihr nicht. Es ist Anbetung aus der Ferne, und wenn sie den Raum betritt, wird mir ganz warm.

Zwei Jahre lang habe ich sogar eine echte Freundschaft zu einer Frau gelebt; meine bisher einzige Liebesbeziehung. Es war die liebste und zärtlichste Freundschaft, die man sich vorstellen kann. Ich hatte sie in der Bahn getroffen, und wir waren über ein Buch, das sie las, ins Reden gekommen. Wir begannen uns auf der Fahrt so gut zu unterhalten, daß wir beschlossen, zusammen ein Glas Wein trinken zu gehen. Sie hatte gerade ihren Freund verlassen und litt noch unter der Trennung. Wir redeten und redeten, die Kneipe schloß, und sie lud mich zu sich in ihre Wohnung ein. Sie hatte vorher nie eine lesbische Beziehung zu einer Frau gehabt und ich auch nicht; ich hatte in jeder Beziehung null Erfahrung. Sie war es, die mich zu streicheln begann. Mit ihren wunderschönen Künstlerhänden fuhr sie über meinen Rücken. Sie küßte mir die Wange. Mit der Spitze ihres Zeigefingers fuhr sie mir über die Nase. Sie strich über meine Augenbrauen. Sie nahm meine beiden Hände in ihre. Ich stand erstarrt an der Tür. Ich wünschte mir ihre Zärtlichkeit. Auf der anderen Seite war sie mir unangenehm. Es war mir peinlich. Ich hatte Angst. Träume sind etwas anderes als wirkliches Erleben. Ich konnte ihr nicht in die Augen blicken.

Aber irgendwann, als der Schreck nachgelassen hatte, empfand ich ihre Berührungen als wunderschön. Ich rutschte am Türrahmen in die Knie. Ich ließ mich fallen. Ich begab mich in ihre Arme. Sie erfüllte all meine Sehnsüchte. Ihre Behutsamkeit; ihr Gespür, meine Stimmungen zu erfassen; ihr Zärtlichkeitsbedürfnis, das meinem entsprach – es war eine ganz erfüllte Freundschaft.

Sie war nicht die Mutter, die ich suchte. Sie war die einzige Frau, zu der ich mich je hingezogen gefühlt hatte, die fast gleichaltrig war. Ich war stolz, daß sie mich liebte. Sie war so intelligent und erfolgreich in ihrem Studium. Aber ich wartete immer, daß sie diejenige war, die etwas tat. Von mir aus floß keine intime Aktivität in diese Freundschaft. Ich verweigerte mich, wenn es um richtigen Sex ging. Richtig intim sind wir in den Jahren unserer Freundschaft nie geworden. Es blieb beim Streicheln. Ich sehnte mich so nach unsexueller Zärtlichkeit, die in einer Freundschaft mit einem Jungen nie möglich gewesen wäre. Ich habe diese Art der Zuwendung bei meinem Vater immer vermißt. Er hat mir nie gegeben, was ich brauchte.

Ich holte mir das, wonach ich hungerte, woanders. Daß ich eine lesbische Beziehung hatte, hat für mich einiges mit meinem Elternhaus zu tun, wobei ich betonen möchte, daß ich ein eigenverantwortlicher Mensch bin und zu dem stehe, was ich getan habe. Ich möchte nur für mich persönlich Erklärungen für mein Verhalten finden.

Warum bin ich nicht „normal"? Warum ziehen Frauen mich an? Warum will ich aber keine Sexualität, zu der ich mich noch nicht reif fühle?

Eltern sind Vorbild. Im guten wie im schlechten Sinn. Erstens lebten mir mein Vater und meine Stiefmutter keine positive Beziehung vor. Ich glaube, es hatte vor allem sexuelle Gründe, daß sie sich ineinander verliebten. Ansonsten paßten sie nicht zusammen, und mir ist auch nicht klar, was an meiner Stiefmutter reizvoll gewesen sein soll. Meine Großmutter väterlicherseits deutete einmal an, daß meine Stiefmutter sexuell sehr aktiv sei. Es gibt Männer, die das bindet. Emotional war die Bindung um so schwächer. Ich habe mehrfach mitbekommen, daß sie stritten und mein Vater ihr sagte, sie solle gehen. Für immer. Sie ging nicht, und er tat nichts weiter, um sie zum Gehen zu bewegen. Er sprach auch mal mit seiner Mutter und sagte ihr, er würde sie gerne loswerden. Aber so wie er nicht handelte, indem er mich ihr gegenüber in Schutz nahm, so handelte er auch ihr gegenüber nicht. Diese Ehe war nicht dazu angetan, mir ein positives Bild von einer Mann-Frau-Beziehung zu vermitteln.

Zweitens habe ich in meinem Vater als dem ersten Mann in meinem Leben kein positives Vorbild gehabt. So einen Typen wie ihn wünscht man sich doch nicht als Partner! Vermutlich hätte er mit einem Sohn besser umgehen können. Zu dem Sohn meiner Stiefmutter, der grundlegend bevorzugt wurde, hatte er ein recht gutes Verhältnis. Manchmal denke ich: Unbewußt versuche ich, eine männliche Rolle zu übernehmen. Dann hätte ich eine Chance. Es fällt auf, daß ich aussehe wie ein Junge. Ich habe noch nie einen Rock getragen und würde auch keinen anziehen. Ich gehe in Jeans mit Sweatshirt. Ich habe ganz kurze, etwas rötliche Haare, die sich durch den Jungenshaarschnitt nicht locken. Ich habe nicht einmal Busen und bin dürr. Daß die einzige Beziehung, auf die ich bisher eingestiegen bin, ausgerechnet die zu einer Frau war, gibt mir schon zu denken.

Dabei fühle ich mich in meiner Seele als Frau. Ich bin kein Mann. Eigentlich will ich eine ganz normale Beziehung. Ich wünsche mir einen Mann, der mich liebt und den ich lieben kann. Ich glaube ohnehin, daß ich die Zärtlichkeit erfunden habe. Ich habe ganz viel davon in mir. Ich bin randvoll und weiß nicht, wohin damit. Ich habe – das Wort ist meine Erfindung – ein Zärtlichkeits-Gebungs-Bedürfnis. Wenn ich liebende Paare sehe, die sich tief und zärtlich in die Augen sehen, ganz versunken in ihr Glück, spüre ich überall in meinem Innern ein Kribbeln. Ich möchte auch so normal sein und so intensiv lieben. Ich möchte meine Liebe verschenken und wünsche mir jemanden, der sie mit vollen Händen nimmt.

Die Freundschaft mit der Freundin ging auseinander, weil sie zu ihrem Freund zurückkehrte und ich es nicht ertrug, sie mit jemandem zu teilen. Seitdem bin ich allein.

Ich lebe wie ein Teenager. In meinem Bett schlafen mit mir zusammen vierzehn Stofftiere. Ich habe allen Namen gegeben. Wenn ich einschlafe, drücke ich jedes einzelne Tier an mich und gebe ihm einen Kuß auf die Stirn. Sie sind mir vertraut, auch wenn ich eigentlich zu alt dafür bin. Ich bin allein, wie ich es schon als Kind war. Der junge Mann, zu dem ich mich hingezogen fühlte und der drogenabhängig war, war keiner, der mich halten konnte. Angefangen hatte es mit Haschisch und hörte auf mit Heroin. Er flüchtete, weil er die Welt nicht ertrug. Aber die Droge war auch Flucht, weil er keine ernstere Auseinandersetzung ertragen konnte. Er ersetzte mit der Droge die wahre Suche nach Liebe. Ich hatte mich schon zu lange um Liebe betrügen lassen, um diese Leere an Gefühlen noch einmal erleben zu wollen.

Ich weiß nicht, was mich in meiner heutigen Situation glücklich machen würde. Mein Vater tut nichts für mich. Wir würden dreißig Jahre lang nichts voneinander hören, wenn ich mich nicht melden würde. Er käme nicht auf die Idee, zum Telefonhörer zu greifen. Es ist mangelndes Interesse. Das stimmt mich häufig traurig. Meine Mutter, die ich so sehr vermisse, ist tot, und eigentlich habe ich auch meinen Vater verloren. Mir fehlt seine Zuwendung. Mir fehlt seine Anerkennung. Ich würde so gerne – nur ein einziges Mal – von ihm hören, daß er mich gut findet und daß er mich mag. Ich könnte schon noch glücklich werden. Mach's nur einmal, denke ich. Streich mir nur einmal übers Haar, und ich flieg nach Haus.«

„Mein Vater war ein schwacher Mann"

Der Versuch, Eigen-Sinn zu entwickeln

Ragna

40 Jahre, Verwaltungsangestellte, verheiratet, zwei Kinder

Sie ist eine Frau, die sich in den letzten Jahren auffallend verändert hat. Aus der unselbständigen, reichen und verwöhnten Ragna wurde eine Frau, die auf der Suche nach ihrem eigenen Ich ist. Sie versucht, verschüttete Eigenschaften wie Stärke, Mut und Durchsetzungskraft zu entwickeln. Denn von ihrem Vater wurden ihr eher Schwäche und falsche Nachgiebigkeit vorgelebt. Sie fand in ihm keine Orientierung für ein eigenbestimmtes Außenleben.

Ragnas Vater ist seit seinem neunten Lebensjahr blind. Sie sieht in dieser Behindeurng den Grund, daß er sich ihrer Mutter immer untergeordnet und nie seine eigenen Bedürfnisse gelebt hat. Aber sie, lange Ebenbild ihres Vaters, möchte nicht mehr sein Spiegel sein.

»Meine Mutter war für die Zeit, in der wir aufwuchsen, eine untypische Frau. Sie hatte nie Zeit für uns Kinder, die wir alle innerhalb von sieben Jahren auf die Welt gekommen waren. Sie war immerfort damit beschäftigt, zu kochen, ihren Haushalt in Ordnung zu halten, zu putzen, die Böden zu schrubben und Wäsche zu waschen. Wenn sie damit fertig war, fing sie von vorne an, weil wir angeblich wieder alles dreckig gemacht hatten. Sie hatte keinen Sinn für Kinder, kein Gefühl für ihre Sehnsüchte. Sie umarmte uns selten, gab uns kein Küßchen, streichelte uns nicht und hat uns kein einziges Mal in ihrem Leben gelobt. Sie selbst kam aus einer sehr kühlen Familie und verhielt sich so, wie sie es gelernt hatte.

Mein Vater, der in einer wärmeren Umgebung aufgewachsen

war, verhielt sich anders als meine Mutter – er war derjenige, der sich – zumindest als wir klein waren – mit uns beschäftigte und uns zärtlich in den Arm nahm. Er trug uns beim Spazierengehen auf seinen Schultern. Er fuhr mit uns Schlitten. Er erzählte uns Geschichten. Er machte mit uns Schularbeiten. Er rangelte mit uns. Er brachte uns abends ins Bett. Er war, als wir Kleinkinder waren, viel für uns da, was angesichts seines Schicksals beachtlich war: Mein Vater ist blind. Beim Spielen war er im Alter von neun Jahren in einen Kellerschacht gefallen. Direkt nach dem Unfall konnte er noch schemenhaft sehen, aber im Laufe der Jahre wurde es immer schlimmer, so daß er vollständig erblindete. Er konnte nie mehr schreiben. Er nahm nicht mehr die Farben der Natur, die er kannte und liebte, wahr. Nicht mehr sehen zu können – den Verlust, den mein Vater erlitt, stelle ich mir grauenvoll vor.

Mein Vater war ein intelligenter, feinfühliger Mann. Schon als kleiner Junge hatte er Lehrer werden wollen, aber seine Erblindung machte ihm einen Strich durch die Rechnung. Er besuchte die Blindenschule, lernte Blindenschrift, versuchte sich fortan durch Fühlen, Riechen und Hören zu orientieren. Aber Lehrer konnte er zu seiner Zeit als Blinder nicht werden. Es langte gerade zum Telefondienst bei einer Verpackungsfirma.

Wie viele Menschen, die behindert sind, entwickelte mein Vater als Ausgleich besondere Fähigkeiten, die ihn für andere liebenswert machen sollten. Er war hilfsbereit, charmant, konnte gut tanzen und einen auf kultivierte Art unterhalten. Trotz seiner Erblindung muß er ein attraktiver Mann gewesen sein, was auch meine Mutter fand, als sie ihn kennenlernte. Die Ehe meiner Eltern war allerdings eine Mußehe. Meine Mutter war ungewollt schwanger geworden. Ich, als Älteste von vier Kindern, war kein Wunschkind. Die letzten beiden Kinder, die meine Eltern bekamen, im übrigen auch nicht. Meine Mutter konnte nichts mit Kindern anfangen. Kindergelächter stufte sie ein als unerträgliches Geräusch. Wie alles, was laut war.

Angesichts des nicht herausragenden Berufes meines Vaters wuchsen wir unter sehr beengten, extrem bescheidenen Verhältnissen auf. Zumindest von Seiten meiner Mutter fehlte es an Wärme, Geborgenheit und Zärtlichkeit. Ich hütete häufig meine kleineren Geschwister, auch wenn ich Angst vor der Verantwortung hatte und erst erleichtert war und einschlafen konnte, wenn ich den Schlüssel in der Haustür hörte und meine Eltern, die manchmal in klassische Konzerte gingen, wieder da waren. Ich empfand meine Kindheit als normal. Mein Vater gab uns alles, was wir brauchten. Zumindest empfand ich das so als Kind. Die Wahrheit, die mir erst viel später klar wurde, ist, daß mein Vater mir etwas ganz Wesentliches nicht mit auf den Weg gegeben hat: Durchsetzungsvermögen, Stärke und den Mut, zu sich selbst zu stehen. Das liegt daran, daß er diese Eigenschaften selbst nicht besitzt. Vor allem hatte er keinen Eigensinn, also keinen Sinn für seine eigenen Bedürfnisse.

Ein Vater hat bei einer heranwachsenden Tochter die Aufgabe, sie aus der behüteten Häuslichkeit ins Leben draußen zu führen. Er sollte Vorbild sein, damit sie Konflikte und Auseinandersetzungen bewältigen kann. Er sollte Autorität, Tatkraft, Verantwortungsbewußtsein und Durchsetzungskraft vorleben, um der Tochter Orientierung zu geben. Wenn er darüber hinaus noch Zärtlichkeit vermitteln kann, sind diese Eigenschaften, zusammen gesehen, sicherlich das Größte, was man als Tochter von einem Vater erwarten kann. Mein Vater aber war schwach, ängstlich und erfolglos.

Die Dominante in unserer Familie war meine Mutter. Was sie sagte, wurde getan. Was sie wollte, galt. Sie als Frau war diejenige, die mit dem Kleiderbügel hinter mir herlief, um mich zu vertrimmen. Mein Vater wäre nie auf die Idee gekommen, seine Hand gegen eines von uns Kindern zu erheben. Er unterwarf sich. Er überließ meiner Mutter alle Entscheidungen. Wenn sie wollte, daß ihm Tomaten schmecken, schmeckten sie ihm, obwohl ich per Zufall von seinem Bruder erfuhr, daß er sich vor Tomaten geradezu ekelte. Wenn sie fand, daß Bach der begnadetste Komponist überhaupt ist, wagte er Schostakowitsch gar nicht zu erwähnen und spielte ihn heimlich, wenn meine Mutter einmal im Monat zur Fußpflege ging. Manchmal hatte ich den

Eindruck, daß er nur noch zu dem, was sie sagte, nickte. Er setzte sich mit seinen eigenen Bedürfnissen nie durch. Es fehlte ihm an Stärke. Eigentlich muß ich sogar deutlicher werden: Er war ein Schwächling. Auch wenn meine Mutter mit ihrer Putzwut an uns Kindern herumnörgelte, uns als Dreckfinken bezeichnete, Verbote erteilte und ständig schlechte Laune in der Wohnung verbreitete, setzte er nichts dagegen. Er ließ sie gewähren und hielt seinen Mund. Er sagte nie: „So geht das nicht." Er ordnete sich bedingungslos unter. Er setzte nie eigene Maßstäbe.

Bis zu meiner Pubertät fiel mir die Rollenverteilung zwischen meinen Eltern nicht auf. Zu meinem Vater hatte ich sogar ein gutes Verhältnis, denn wir hatten ja intensiven Kontakt zueinander. Aber in den Jahren, in denen ich ihn als Vorbild, als Leitfigur zur Orientierung gebraucht hätte, konnte er mir nicht genug geben. Eigensinn wäre das Wichtigste gewesen, was ich hätte lernen können. Eigensinn ist für die Umgebung eines Kindes zwar unbequem. Aber ohne diese Eigenschaft kann man in meinen Augen nicht glücklich werden, weil man zu leicht nachgibt und sich im schlimmsten Fall selbst verleugnet. Mein Vater hatte nicht nur keinen Sinn für seine eigenen Gefühle, Gedanken und Vorstellungen. Ihm war nicht einmal die theoretische Bedeutung bewußt. Man kann nicht geben, was man selbst nicht besitzt und für wichtig erachtet.

Wir Kinder besuchten als Heranwachsende alle das Gymnasium, wobei es kein anderes Kind gab, das aus so einfachen Verhältnissen kam wie wir. Möglicherweise war meinen Eltern das peinlich, denn sie waren die einzigen Eltern, die niemals in der Schule auftauchten. Mein Vater sagte, er wüßte nicht, was er mit den Lehrern reden solle und mit uns sei doch auch alles in Ordnung. Ich vermute, der wahre Grund war, daß die Schule und meine Mitschüler nicht erfahren sollten, daß er blind ist. Ich sage das nicht einfach so vor mich hin. Mein Vater hat seine Behinderung nie angenommen. Er trug beispielsweise nie ein Blindenabzeichen, auch nicht als Fußgänger im Straßenverkehr. Er hatte sein Orientierungsvermögen so perfektioniert, daß ein Außenstehender nicht sehen konnte, daß er nicht sehen kann. Es war sogar so, daß der Krämer um die Ecke, bei dem er zusammen mit meiner Mutter ab und zu einkaufte, nichts davon wußte. Mein Vater wollte nicht, daß es jemand merkt. Als ich einmal einen entfernten Bekannten meiner Eltern traf, mit ihm redete und im Nebensatz etwas über die Behinderung meines Vaters sagte, meinte er ganz überrascht: „Das ist nicht die Möglichkeit! Wir haben alle nichts davon gewußt." Man muß sich das vorstellen: Er schaffte es, seine Behinderung zu verschweigen. Deshalb hatten meine Mutter und er auch keinen engen Freundeskreis oder Leute, mit denen sie sich regelmäßig trafen. Der intensive, häufige Kontakt zu anderen Menschen hätte die Wahrheit ans Licht gebracht. Meine Eltern isolierten sich. Das war auch der Grund, warum sie niemals in die Schule kamen, warum sie sich keine unserer Aufführungen ansahen und keine Elternabende besuchten.

Ich kann mir vorstellen, daß es schwer ist, eine Behinderung zu akzeptieren und sie anzunehmen. Ich werfe meinem Vater nicht vor, daß er es nicht konnte. Es geht mir überhaupt nicht um Vorwürfe und Schuldzuweisungen, auch wenn es für manchen so klingen mag. Er ist selbst, im wahrsten Sinne des Wortes, ein verwundeter Mensch gewesen, der sich seine Verwundung nicht eingestehen konnte. Ich aber wurde, ohne daß er es je gewollt hätte, durch ihn verwundet. Diese Zusammenhänge, diese Wirkungsmechanismen, möchte ich verstehen.

Das Problem meines Vaters ist nicht primär seine Erblindung. Es sind Folgeerscheinungen. Eine der gravierendsten ist seine Schwäche, die dazu führte, daß er sich nicht durchsetzen konnte – was ich am eigenen Leib zu spüren bekam.

Ich litt seit der elften Klasse unter einem instabilen Kreislauf, häufigen Kopf- und Bauchschmerzen. Der Arzt diagnostizierte „vegetative Distonie" und verschrieb mir Tabletten, wobei sich bezeichnenderweise keiner auf die Suche nach den seelischen Ursachen dieser Krankheit machte. Ich fehlte häufiger in der Schule, weil es mir schlecht ging, aber daß die Schule mein Problem wurde, lag ausschließlich an einer speziellen Lehrerin. Sie brachte mich, die ich ohnehin schnell zu verunsichern war, immer wieder in peinliche, unangenehme Situationen. Vor der ganzen Klasse sprach sie mich auf meine roten Strümpfe oder auf meine langen Wimpern an und lächelte süffisant, wenn ich daraufhin puterrot wurde und zu stottern anfing. Sie hatte promoviert, offensichtlich gehofft, die universitäre Laufbahn einzuschlagen, und war nun frustriert, was sie an den Schwachen wie mir ausließ. Eine Reihe von Schülern, ausschließlich die Unselbstbewußten und Scheuen, hatten mit ihren psychologischen Attacken zu kämpfen. Bei mir war das Resultat, daß ich immer stiller wurde. Obwohl ich eine gute Schülerin war, fühlte ich mich unwohl. Und irgendwann hatte ich nur einen Gedanken: „Ich kann nicht mehr. Ich halte das nicht aus!" Da ich im Elternhaus nie gelernt hatte, einen Konflikt durchzustehen oder jemandem Kontra zu geben, ergiff ich die Flucht. Ich teilte der Lehrerin in der zwölften Klasse, also ein Jahr vor dem Abitur, mit, daß ich von der Schule abgehen würde. Sie hatte nichts dagegen. Sie fragte auch nicht nach den Gründen. Es schien mir, daß sie froh war, mich loszusein.

Mein Vater war wie vor den Kopf gestoßen, als ich ihm meinen Entschluß mitteilte. Diesmal, zum ersten Mal in seinem Leben, ging er zu der Lehrerin. Natürlich haute er dort nicht auf den Tisch und sagte: „Was ist denn hier los, schließlich ist meine Tochter doch eine gute Schülerin." Er wußte, daß ich die Lehrerin nicht mochte und daß sie mich oft quälte. Trotzdem kämpfte er nicht für mich, stellte sich nicht vor mich. Er verteidigte in keiner Weise meine wahren Bedürfnisse. Er kam wieder, sagte: „Die ist doch ganz nett" und verkündete, ich solle die Zwölfte noch zu Ende machen. Dann könne ich abgehen. Erst als ich weinte und mich diesem Entschluß absolut nicht beugen wollte, gab er nach. Ich ging von der Schule ab. Keiner fragte nach dem Warum. Keiner bot mir Rat oder Hilfe an.

Das Beispiel der Schule zeigt eine meiner auffälligsten Reaktionen. Ich kann nicht kämpfen. Ich kann nicht diskutieren und meine Interessen durchsetzen. Wenn es problematisch wird, laufe ich weg. Ich kneife, auch wenn ich mir mit diesem Verhalten selbst schade. Ich bin schwach und hilflos. Ich bin wie mein Vater.

Durch den frühzeitigen Schulabgang hatte ich nur die mittlere Reife und begann eine Ausbildung bei der Behörde. Dort lernte ich meinen ersten Freund kennen. Er sprach mich an, da ich in der Abteilung seines Freundes tätig war. Wir flirteten miteinander. Als wir das erste Mal zusammen ausgingen, berührten sich wie zufällig unsere Hände. Es war das Spiel zweier Menschen, die mehr wollten als eine kameradschaftliche Freundschaft. Wir wurden ein Paar – und das, obwohl er gar nicht mein Typ war. Hätte er mich nicht angesprochen, wäre er mir nie aufgefallen. Ich von allein hätte ihn mir nie ausgesucht. Er sah hausbacken aus. Was mir imponierte, war sein sicheres, zum Teil sogar etwas herrisches Auftreten, zumal er sich in dem Punkt von meinem Vater extrem unterschied. Und was mich faszinierte, war die Tatsache, daß wir etwas Verbotenes taten: Er war verheiratet! Obwohl er Frau und Kinder hatte, interessierte er sich für mich! Das war Balsam für mein angeknackstes Selbstbewußtsein. Ich kam mir endlich einmal bedeutend und wichtig vor.

Nachdem wir zwei Jahre lang ein Verhältnis miteinander hatten, trennte er sich von seiner Frau. Ich hatte ihn zu dieser Entscheidung gedrängt. Ich wollte ihn auf einmal ganz für mich. Spielte ich meine Macht aus, froh, endlich einmal Macht zu besitzen? Wir zogen zusammen, heirateten, bekamen ein Kind, eine Tochter. Mein Mann machte sich selbständig, entwickelte sich beruflich phantastisch, baute seine Firma immer weiter aus. Er tat, was ihm wichtig war. Das tat ihm gut, aber je bedeutender er wurde, desto kleiner wurde ich innerlich. Zeitweise hatte ich eine Putzfrau, einen Gärtner und ein Kindermädchen. Ich hatte dadurch viel Freizeit, konnte Sprachen lernen, Tennis spielen, Shopping gehen, tun, was ich wollte. Meinem Mann ist überhaupt kein Vorwurf zu machen. Wir lebten ein Luxusleben. Er verwöhnte mich, las mir jeden Wunsch von den Augen ab. Aber ich wurde ständig unzufriedener. Zugleich quälten mich Schuldgefühle, weil ich doch hätte zufrieden sein müssen. Ich gab mir die Schuld, nicht lieb und brav genug zu sein, mich nicht genug anzustrengen, damit wieder alles heiterer Sonnenschein wurde. Mir war damals überhaupt nicht klar, was mit mir los war.

Heute kenne ich die Gründe für meine Unzufriedenheit: Wir führten sein Leben. Es lief ab nach seinem Diktat. Ich konnte zwar entscheiden, ob ich lieber Tennis oder Golf spielen wollte, zum Geburtstag lieber einen Mercedes oder einen BMW hätte oder in diesem Jahr statt Tulpenzwiebeln Narzissen in den Gartenboden setzen lassen möchte. Mein Mann sagte auch, als ich ihm mein Problem erklärte: „Wieso, alle Entscheidungen liegen doch bei dir!" Aber es handelte sich um völlig unwichtige Bereiche. In den wesentlichen Dingen, die ein gemeinsames Leben prägen, war er der Boß. Und ich, klein und duckmäuserisch, hatte mich damit arrangiert und ordnete mich unter. Wir machten Sex, wenn ihm danach war, und ihm war ständig danach. Wir kauften ein riesiges, protziges Haus, weil er zeigen wollte, zu was er es gebracht hatte. Es kam gar nicht in Frage, daß ich eine Arbeit annahm, denn seine Frau habe es nicht nötig zu arbeiten, „genieße doch lieber dein Leben, mein Engelchen". Ich hatte schon als Jugendliche keinerlei Gefühl für meine Bedürfnisse gehabt, also auch nicht gelernt, sie zu leben. Und so ließ ich mich von meinem Mann dominieren, wie es einst mein Vater durch meine Mutter hatte geschehen lassen. Ich fühlte mich dabei allerdings hundeelend: eingeengt, geklammert, unselbständig und unfrei. Aber genau wie damals mein Vater, machte ich nicht den Mund auf. Ängstlich und schwach nahm ich ein Leben hin, das mir oktroyiert wurde. Durchsetzungsvermögen besaß ich keines.

Ich fand mich immer entsetzlicher. Ich hatte nicht einmal den Mut, mir die Kleidungsstücke zu kaufen, die ich schön fand. Abends, wenn mein Mann nach Hause kam, saß ich im Schlabberrock mit Strapsen auf dem Sofa und strickte. Völlig abstrus, aber er fand es schön, und ich versuchte, erlernt von meinem blinden Vater, mich durch besondere Verhaltensweisen besonders liebenswert zu machen. Ich dachte in jenen Jahren, die etwa ein Jahrzehnt zurückliegen, häufiger an Trennung, aber ich, die Feige und Ängstliche, hatte nicht einmal den Mut, mit meinem

Mann über diese Gedanken zu sprechen. Ich war zum Abbild meines Vaters geworden. Auch ich hatte keinen eigenen Freundeskreis, nicht einmal eine Busenfreundin, mit der ich sprechen konnte. Auch ich war isoliert. Wir hatten zwar einen sehr großen Bekanntenkreis, aber es handelte sich um Kontakte meines Mannes, vorwiegend beruflicher und oberflächlicher Art. Wir besaßen alles andere, aber keine Freunde. Einmal richtig mit jemandem reden – das war mit den Leuten, die mein Mann als Bekannte bei uns einführte, gar nicht möglich.

Ein einschneidendes Erlebnis war dann vor elf Jahren die Geburt unseres zweiten Kindes, wieder eine Tochter. Sie bereicherte unser Leben enorm, aber sie zeigte mir auch, wie angepaßt ich geworden war. Sie selbst lebte so unverdorben aus ihrer Ursprünglichkeit heraus. Sie hatte ein untrügerisches Gefühl für das, was sie wollte. Sie sagte „Ja", wenn sie wirklich zu etwas ihre Zustimmung geben wollte, und „Nein", wenn sie nicht einverstanden war. Sie hatte einen Sinn für sich und ihre Wünsche. Während ich, obwohl ich gar keine Lust hatte, immer wieder mit meinem Mann ins Bett ging, weil er kuscheln wollte, entzog meine Tochter sich sogar einer einfachen Umarmung, wenn ihr nicht nach Zärtlichkeit zumute war. Sie, elf Jahre jung, hatte im Gegensatz zu mir ein perfektes Gleichwertigkeitsgefühl. Und ich erlebte hautnah, daß sie, auch wenn sie ihre eigene Meinung durchgesetzt und nicht nur lieb und brav mit dem Kopf genickt hatte, geliebt wurde. Einer meiner größten Irrtümer wurde durch dieses kleine Wesen aufgedeckt: Man wird nicht liebenswerter durch Schwäche und Unterordnung.

Meine Tochter, die unser Leben so sehr bereicherte, förderte zugleich unbewußt meine Unzufriedenheit mit mir selbst und meinem Leben an der Seite meines Mannes. Sie, das Gegenteil meines Vaters, zeigte mir aber auch Alternativen, die etwas mit Stärke, Selbstbewußtsein und Selbstwertgefühl zu tun haben. Sie lebte mir vor, wie man sein kann, wenn man sich nicht verbogen hat. Sie lebte mir die positiven Seiten eines gesunden Egoismus vor.

In dieser Phase, in der mich meine Tochter sehr zum Nachdenken motivierte, trat ein anderer Mann mit einem Knall in mein Leben. Er war wesentlich jünger als ich. So jung, daß er ein Sohn meines Mannes hätte sein können. Er war ebenso wie ich künstlerisch engagiert. Die Gefühle, die aufkamen, allein wenn wir uns ansahen, waren ganz stark. Und trotzdem fingen wir keine Liebschaft miteinander an. Es blieb bei einer innigen Umarmung, denn auch er war gebunden. Unser Kopf siegte, aber es hatte trotzdem geknallt. Daß mein Herz so hüpfen konnte, daß so eine Gefühlsintensität möglich war! Mir wurde klar, daß ich mich von meinem Mann trennen mußte, um erst einmal zu mir selbst zu finden, wie man heute, zugegebenermaßen reichlich abgegriffen, zu sagen pflegt. Was aus uns werden wird, weiß ich im Moment nicht.

Die ersten Schritte, die ich in diesem Jahr gegangen bin, waren ungewohnt, aber ich fühlte mich endlich lebendig, weil ich tatkräftig mein Leben selbst in die Hand nahm. Es stellte sich heraus, daß ich in meinem alten Job, den ich vor zwanzig Jahren aufgegeben hatte, sofort wieder einsteigen konnte. Es stellte sich außerdem heraus, daß das Leben mit meiner kleinen Tochter in unserer Zweizimmerwohnung gar nicht so schwer zu bewältigen war, wie ich befürchtet hatte, sondern daß es uns glücklich macht. Ich fand für mich heraus, daß es nicht schwierig ist, allein ohne Mann zu sein. Ich fand heraus, wie gut es tut, ernsthafte, tiefschürfende Gespräche mit anderen Frauen zu führen, von denen viele endlich auf den Trichter gekommen sind, daß nicht nur die Mutter, sondern fast viel stärker der Vater Einfluß auf ihr Leben als Frau genommen hat. All diese Erfahrungen stärken mich und machen mir Mut. Aber meine schönste und wichtigste Erfahrung hat etwas mit meiner Außenwirkung zu tun. Ich habe meinem Mann zwar wehgetan, indem ich endlich meinen eigenen Sinn durchgesetzt habe. Zur Zeit versteht er meine Motive noch nicht. Aber obwohl ich nicht klein beigegeben habe, sondern ganz im Gegenteil egoistisch gewesen bin, liebt er mich. Diese Erfahrung ist wundervoll: Mein Eigen-Sinn wird nicht bestraft.«

„Ich hasse meinen Vater bis aufs Blut"

Der nicht enden wollende Selbstmordgedanke

Jeanette

20 Jahre, Auszubildende, ledig

Jeanette weiß eigentlich nur eins: Sie haßt ihren Vater in einem Maße, daß es sie selbst erschreckt. Sie befindet sich in Therapie, weil sie immer wieder Selbstmordgedanken hegt, die erstmals im Alter von neun Jahren auftauchten. Sie ist noch auf der Suche nach den Gründen dieser immens schlechten Vater-Tochter-Beziehung. Auffällig allerdings ist, daß sie wenig Erinnerungen an ihre Kindheit hat, was ein Zeichen für Verdrängung ist.

Jeanette ist eine ausgesprochen sympathische, höfliche, freundliche, gutaussehende und zudem schüchterne Frau. Sie selbst scheint sich allerdings eher negativ zu sehen. Interessant zu wissen: Jeanette ist die Tochter von Ragna, deren Geschichte vor dieser zu lesen ist. Der Mann, um den sich hier soviel dreht, ist in dem einen Fall Ehemann, in dem anderen Vater.

»Ich bin neulich heimlich auf den Boden im Hause meines Vaters geklettert und habe meine alten Tagebücher gesucht, die ich seinerzeit, als ich noch dort lebte, versteckt hatte. Ich hoffte, daß sie mir Aufschluß geben könnten über meine Kindheit, denn so vieles liegt für mich im Dunkeln. Ich kann mich an so wenige Erlebnisse erinnern.

Da ich in den ganzen ersten Jahren meines Lebens natürlich noch nicht schreiben konnte, war ich auch nicht in der Lage, ein Tagebuch zu führen, was schlimm für mich ist, weil ich keine Erinnerungen an die Zeit bis zu meinem achten Geburtstag habe und mit Hilfe eines Tagebuchs hätte darauf stoßen können. Mit neun Jahren fing ich erst an mit gelegentlichen Notizen. Ich schrieb nicht regelmäßig meine Gedanken nieder, so daß sie mir nur einen Teil meiner späteren Kindheit transparenter machen. Viele Notizen hängen mit meinen Eltern zusammen, vor allem mit meinem Vater.

6. Februar (neun Jahre)

Mein Vater ist beschissen. Ich werde ja schon richtig krank, soviel wie er meckert. Er merkt das gar nicht mehr. Ich möchte gerne andere Eltern haben. Ich traue mich jetzt nicht nach unten ins Wohnzimmer, aber ich habe großen Hunger.

*

16. Juli (elf Jahre)

Na ja, ich mache ja alles falsch, ist doch klar. Es liegt an mir. Natürlich! Meine Mutter ist ganz beschissen, aber angeblich ist sie ja immer so lieb. Sie ist die Königin im Hause. Und mein Vater weiß alles. Klar! Kann man wohl nichts machen. Ihr glaubt mir ja doch nicht, daß ich vom Balkon springen würde. Na ja, wär' doch toll, oder? Freut euch schon mal!!! *Ich*!!!

*

22. August (zwölf Jahre)

Mein Vater ist mal wieder nicht zum Ausstehen. Ich frage mich nur, warum ich noch nicht gehauen worden bin. Man merkt, daß er immer nur mit Mama allein sein will. Er will immer, daß ich weggehe. Eben war ich im Wohnzimmer (ca. 20.45) und habe in die Fernsehzeitung geguckt. Und er fragte: „Will Jeanette jetzt nicht hochgehen?" Ich wollte nicht hochgehen, aber es blieb einem ja nichts anderes übrig. Er fühlte sich so, als sei er der Held, der uns Menschen gemacht hat und sie rumkommandieren kann. Als wenn er Amerika entdeckt hat. Nein – ich halte es nicht mehr aus. Und Mama und er meinen: Es liegt alles an mir. Mama ist so nett. Nur mit Mama und Tanja wäre es sooo . . . schön. Aber mit dem Gemecker von ihm läßt es sich *nicht* leben!

*

25. November (zwölf Jahre)

Es ist alles Scheiße. Mama ist ab gestern auch beschissen. Mein Vater sowieso. Alles geht schief, und Gott ist Scheiße. Warum lebe ich bloß? Ich bin ja sowieso nicht glücklich. – Nie!!! –

*

15. Dezember (zwölf Jahre)

Liebes Tagebuch, ich kann Dir gar nicht sagen, wie beschissen mein Vater ist. So streng ist er. Ich hasse ihn so sehr. Es wird sich nie ändern mit ihm.

*

7. Juli (fast dreizehn Jahre)

Lieber Gott! Bitte mache, daß mein Vater sich irgend etwas bricht oder so. So, daß er ins Krankenhaus muß. Ganz lange. Ich halte es nicht mehr aus. Er ist schrecklich, vom Teufel gebissen, oder so. Ich sterbe bald, er bringt mich zum Wahnsinn. So etwas Verrücktes und Doofes gibt es sonst nicht unter der Sonne.

*

22. Januar (dreizehn Jahre)

Mein Vater ist mal wieder zum Kotzen. Warum Väter bloß so schlechte Laune haben? Es ist nicht zu fassen. Der kann mit Kindern überhaupt nicht umgehen.

*

8. Februar (dreizehn Jahre)

Mann, ist das ein Scheißer! Nie kann ich es ihm recht machen. Nie!!!

*

10. Februar (dreizehn Jahre)

Alles ist so eine Scheiße. Ich kann nichts! Ich denke voll oft ans Sterben . . . Mir ist heute so doll zum Weinen zumute. Alles ist so eine Scheiße.

Als ich mir diese Tagebuchnotizen, die ich nicht mehr erinnerte, durchgelesen hatte, war ich nicht erschrocken, sondern sogar erleichtert. Sie bezeugen, daß ich nicht erst als fast erwachsene Frau meinen Vater zu hassen begonnen hatte, sondern daß ich ihn schon als Neunjährige nicht ausstehen konnte. Ich kann heute ohne schlechtes Gewissen sagen: Ich hasse meinen Vater bis aufs Blut. Ich weiß auch nicht, wie sich daran etwas ändern könnte.

Die wenigen Erinnerungen, die ich noch habe, und diejenigen, die mir durch das Tagebuch wieder ins Gedächtnis zurückgerufen worden sind, zeugen alle davon: Das Verhältnis zwischen meinem Vater und mir ist immer schlecht gewesen. Manchmal – das weiß ich noch – ging es ein paar Tage gut mit ihm. Dann freute ich mich und dachte, daß wir es doch noch schaffen könnten. Das waren die Tage, an denen er mich wenigstens in Ruhe ließ und mich nicht fortwährend kritisierte. Ich hatte meinen Frieden, und das genügte mir. Dann war es wieder die Hölle. Ich konnte machen, was ich wollte. Ich konnte mich anstrengen bis zum Umfallen. Meinem Vater konnte ich es nie recht machen.

Wenn ich die Geschirrspülmaschine einräumte, was als Kind meine Aufgabe war, und wenn ich dies aus meiner Sicht gewissenhaft erledigt hatte, konnte ich sicher sein, daß er in irgendeiner äußersten Ecke doch noch einen Löffel fand, den ich übersehen hatte. Es wäre vollkommen egal gewesen, da wir ohnehin eine Hausangestellte hatten und ich ihm ja bewiesen hatte, daß ich nicht faul war. Es war Schikane von ihm. Neulich sollte ich einen Bahnfahrplan für ihn besorgen. Ich tat ihm den Gefallen, und als ich zurückkam und ihm den Plan überreichte, guckte er mich mit schräg geneigtem Kopf und zusammengekniffenen Augen an und sagte: „Du hast schon wieder nicht zugehört. Ich wollte zwei Fahrpläne." Ich schwöre, daß das eine Lüge war.

Warum tut er mir so etwas an? Was geht in ihm vor? Ich glaube, er kann es nicht ertragen, mir irgend etwas Positives zu sagen. Ich erinnere mich nicht, daß er mir je in seinem Leben ein nettes Wort gesagt hätte. Seine einzige Reaktion mir gegenüber war und ist Herumgemecker. Irgendwann dachte ich selbst, daß ich blöd und unfähig bin. Mein Zutrauen zu mir und meinen Fähigkeiten schwand, je häufiger er mich kritisierte, mit mir schimpfte und meckerte.

Das Gefühl „Ich kann es ja doch nicht. Ich kann überhaupt nichts!" wirkte sich auch auf meine schulischen Leistungen aus. Wenn man kein Zutrauen zu sich hat, wird man keine Leuchte. Als ich in der siebten Klasse des Gymnasiums zu schlecht wurde und zu viele miese Noten hatte, ging ich ab und wechselte zur Realschule. In dem ersten Realschul-Zeugnis hatte ich dann alles Zweien und ein paar Dreien. Meine Mutter war stolz und froh und ich selbst erleichtert. Endlich hatte ich einen Erfolg vorzuweisen! Mein Vater sagte nur: „Das hätte auch besser sein können." Was für eine Enttäuschung. So sehr hatte ich gehofft, endlich einmal ein Ergebnis aufweisen zu können, über das er sich gefreut hätte. Ich habe ihn noch nie in meinem Leben zum Freuen gebracht.

Ich weiß, daß viele Jugendliche das Gefühl haben, ihre Eltern würden zu häufig mit ihnen schimpfen und zuviel von ihnen erwarten. Diese Jugendlichen kann ich nur belächeln, weil sie gar nicht wissen, wie gut sie es in Wirklichkeit haben. Oder hat einer von denen schon als neunjähriges Kind so erbärmlich gelitten, wie ich es aus meinem Tagebuch ersehe?

Meine Mutter, zu der ich ein sehr gutes Verhältnis habe und die ich liebe, erzählte mir neulich eine Geschichte, die ich auch nicht mehr erinnere. Damals war ich fünf Jahre alt. Meine Eltern gingen abends häufig aus. Meine Mutter sah dann sehr chic aus und war wirklich ein bißchen Königin, wie ich es in dem Tagebuch, wenn auch in anderem Zusammenhang, erwähnt habe. Oft blieben die beiden halbe Nächte weg. Als sie an jenem Abend weit nach Mitternacht nach Hause kamen, merkte meine Mutter, die sich über mein Bett beugte, daß ich sehr schwer atmete. Mein Bauch ging bei jedem Atemzug ganz hoch. Ich wollte etwas sagen, aber ich konnte nicht. Es kam kein Wort über meine Lippen, obwohl ich meinen Mund öffnete. Meine Mutter rief den Notarzt, der mich sofort ins Krankenhaus bringen ließ. Die Ärzte hatten Angst, ich würde ersticken. Interessanterweise hatte ich kein Fieber. Ich bekam lediglich keine Luft mehr. Ich konnte nicht mehr frei und unbeschwert atmen. Als ich wieder gesund wurde und meine Eltern mich gemeinsam am Krankenbett besuchten, war ich zu meiner Mutter zärtlich wie immer. Sie nahm mich in den Arm, streichelte mich. Als mein Vater sich näherte, muß ich sehr eklig zu ihm gewesen sein. „Geh weg, ich will dich nicht sehen! Nein, nein!" Ich schrie wie am Spieß. Ich konnte ihn nicht in meiner Nähe ertragen. Mein Vater nahm mir – im wahrsten Sinne des Wortes – die Luft. Anders ist mir diese plötzliche Krankheit, verbunden mit meiner Reaktion ihm gegenüber, nicht erklärlich. Ich vermute allerdings, daß sich in frühen Kinderjahren noch mehr Dramen mit ihm abgespielt haben. Warum haßte ich ihn sonst schon als Fünfjährige? Und warum habe ich absolut keine Erinnerung mehr an die ersten acht Jahre meiner Kindheit? Ich verdränge diese Zeit, und das spricht dafür, daß er mir noch mehr angetan hat, als ich bisher vermutet habe.

Ich konnte ihn nie ertragen. Auf der anderen Seite hatte ich extreme Angst, die mich bis zur Hysterie treiben konnte, allein zu Hause zu sein. Wenn meine Eltern ausgingen, war ich extrem unruhig. Vor allem wünschte ich mir meine Mutter zurück. Es ging einigermaßen, wenn sie mir genau sagte, wann sie wiederkommen würde. Wenn sie sich allerdings um fünf Minuten vertat und zu spät kam, drehte ich bereits durch. Ich glaubte, ich wollte sie stärker für mich haben. Mein Vater belegte sie zu sehr mit Beschlag. Sie war nur auf ihn fixiert und machte alles mit, was er wollte. Sie widersprach ihm nie. Er klammerte sie und ließ ihr für mich viel zu wenig Raum. Das lag daran, daß ich ihn nicht interessierte. Ich war ihm lästig, ein kleines, unbedeutendes Stück Mensch, das ihn störte. Er wäre am liebsten noch häufiger mit meiner Mutter zusammen gewesen. Darum ekelte er mich so häufig aus dem Wohnraum. Einmal lachte ich ihm sogar zu laut, nachdem ich mit meiner Mutter auf dem Boden herumgetollt und sie mich gekitzelt hatte. Er verbot mir dieses Lachen und schickte mich auf mein Zimmer. Gerade kurz zuvor war ich so glücklich gewesen! Aus irgendeinem Grund konnte er mich glücklich nicht ertragen. Er war froh, wenn ich weg war. Wie oft habe ich ihm den Tod gewünscht oder zumindest gehofft, daß er schwer erkranken würde, damit die Ärzte ihn lange im Krankenhaus behalten würden und wir zu Hause unseren Frieden hätten.

Die Sichtweise, die ich meinem Vater gegenüber habe, kann nicht objektiv sein. Meiner Mutter gegenüber war er anders. Aber warum hatte er keine wirklichen Freunde, die, sofern sie Freunde sind, einem die Augen öffnen können und zu kritischen Äußerungen bereit sind? Er konnte, das ist meine ganz feste Überzeugung, mit seiner herrschsüchtigen und egoistischen Art andere nicht für sich gewinnen. Mit der eigenen Frau und mit den eigenen Kindern ist der Umgang leichter. Familie ist zum Verzeihen bereit. Familie versteht. Bei Außenstehenden galt er als herrschsüchtig und besserwisserisch. Er mußte immer Recht haben. Sie wollten nichts mit ihm zu tun haben, auch wenn er sich ihnen gegenüber natürlich nicht so aufführte wie mir gegenüber.

Mir kamen seine Meckereien, die Härte und die Gleichgültigkeit, die er mir gegenüber zeigte, um so extremer vor, als er meiner Mutter gegenüber anderes war. Zwar unterdrückte er sie genauso wie mich, aber er ging anders mit ihr um. Für mich hatte er nie eine Geste der Zärtlichkeit, sie hingegen überschüttete er mit Küssen und Streicheleinheiten. Ich erinnere mich nicht, daß mein Vater mir je etwas geschenkt hätte, außer zusammen mit meiner Mutter, was allerdings immer sie besorgt hatte. Meine Mutter wurde von meinem Vater mit Aufmerksamkeiten überhäuft. Sie war die Königin. Ich war nichts.

Bitter war für mich auch, als meine Schwester als Nachzügler auf die Welt kam. Ich vermute, daß ich als Achtjährige eifersüchtig auf sie war, weil sich alle Aufmerksamkeit auf sie konzentrierte. Aber auch das erinnere ich nicht mehr. Ich weiß nur und sehe es auch heute: Meine Schwester wird von meinem Vater ganz anders behandelt. Er nimmt sie in den Arm und lacht mit ihr. Bei ihr entschuldigt er alles. Ich bin hingegen das mißratene Kind. Meine Mutter hat mir erzählt, daß ich schon als kleines Kind schwierig gewesen sei. Ich soll ständig „Nein", gesagt haben. Ich war keine, die man auf Anhieb knuddeln mochte. Aber ein Kind, das schon mit neun Jahren Selbstmordgedanken hat, die es bis ins Erwachsenenalter hinein kontinuierlich verfolgen, kann kein sonniges Gemüt haben. Da bleibt keiner auf der Straße stehen und sagt: „Ach, wie süß!"

Wenn ich mir meine Schwester ansehe, zu der ich ein liebes Verhältnis habe, beneide ich sie. Diese Gabe, mit der sie der Welt entgegentritt! Sie ist so froh und genießt das Leben bereits als Elfjährige mit einer Intensität, die ich nie gekannt habe. Sie strahlte mich schon wie ein Honigkuchenpferd an, als ich sie als Baby wickelte und sie manchmal fütterte. Sie lebt und lacht so gerne und ist dabei ganz sie selbst. Sie nimmt alles so herrlich leicht! Wie ungerecht das Schicksal sein kann. Ich erinnere mich oft an Doris Lessings „Das fünfte Kind". Es war auch nicht so wohl geraten, wie der Vater es sich vorgestellt hatte. Es war auch unbequem und schwierig. Er zeigte kein Interesse an diesem Wesen und schob es ab. Er wünschte diesem unbequemen, mißratenen Kind den Tod.

Eine Tochter, die von ihrem Vater nichts bekommt außer Nichtbeachtung und Tadel, kann meiner Ansicht nach nicht lebensfroh werden. Meine Selbstmordgedanken tauchten früh in mir auf. Mit elf Jahren schrieb ich: „Du glaubst mir ja doch nicht, daß ich vom Balkon springen würde. Na ja, wär doch toll, oder?" Mit zwölf Jahren notierte ich: „Warum lebe ich bloß? Ich bin ja sowieso nicht glücklich". Und mit 13: „Ich sterbe bald, er bringt mich zum Wahnsinn". Ich suchte schließlich mit 19 Jahren eine Therapeutin auf, weil mich immer wieder Selbstmordgedanken quälten. Auch heute noch. Wenn man sich umbringen könnte, indem man lediglich einen Knopf drückt, der sich neben einem befindet, hätte ich es längst getan. Aber die wirksamen Methoden sind kompliziert, und ich habe Angst, vor Schmerzen und Angst zu versagen. Das ist der Minderwertigkeitskomplex, den mein Vater mir eingeredet hat. Tabletten? Eine Pistole? Vom Hochhaus springen? Sich in einen Fluß stürzen? Ich hätte Angst, daß es nicht klappt. Nicht nur meinetwegen, sondern weil er wieder recht hätte mit seinen Meckereien: „Dir gelingt nichts. Absolut nichts. Was soll man mit dir bloß anfangen."

Wenn ich mir meine Träume und Phantasien ansehe, lebe ich in Extremen. Ein immer wiederkehrender Wunsch ist sein Tod. Ein immer wiederkehrender Wunsch ist mein Tod. Meinen Tod wünsche ich mir in den letzten Jahren stärker als seinen.

Der Psychologe Thorwald Dethlefsen, dessen Bücher ich verschlungen habe, weil er keine vordergründigen Erklärungen liefert, hat bei der Deutung von Krankheitsbildern etwa folgendes zum Selbstmord gesagt: Dieser sei eine gegen sich selbst gerichtete Aggression. Aggressionen, die man nicht dem gegenüber äußern kann, dem sie gelten, sind blockiert. Sie richten sich, weil sie nach wie vor vorhanden sind, nach innen und machen den Absender zum Empfänger. Heute bin ich Absender und Empfänger zugleich. Mir ist aber außerdem klar geworden, daß man sich als potentieller Selbstmörder fragen sollte, wem die Mordabsichten, die man hegt, eigentlich wirklich gelten . . .

Schöne, lebensfrohe Phantasien habe ich glücklicherweise auch. Ich sehe mich auf der Insel Jamaika, die ich nur aus Büchern kenne. Die Menschen tanzen Reggae, eine Musik, deren Rhythmus ich liebe. Alle sind heiter und gelassen wie die Atmosphäre, die diese Insel umgibt. Palmen, Sonne, Meer und Strand. Ich tauche ein in Wärme. Ich hasse die Kälte in Deutschland. Diese naßkalten, ungemütlichen Tage, die es sogar im Sommer gibt. Der Schneematsch, der im Winter durch die dicksten Stiefel dringt und als naßfeuchte Kälte langsam den Körper hochkriecht. Immer, wenn es kalt und ungemütlich wurde, habe ich zu trinken angefangen. Mit einer Freundin, die keine wahre

Freundin war. Wir kippten uns Grogs rein und Punsch. Danach Bier und Korn. In meinen Träumen trinkt niemand Alkohol. Die Menschen sind aus sich selber heraus beschwingt und warm.

In meinen Träumen bin ich auch umgeben von Kindern. Für mein Leben wünsche ich mir eine intakte Familie mit zwei bis drei Kindern. Mehr möchte ich nicht zur Welt bringen, weil ich jedem einzelnen viel Zeit schenken will. Ich setze sie nicht vor den Fernseher, und ein Computer kommt mir nicht ins Haus. Wir werden Spiele spielen wie „Mensch ärgere dich nicht". Ich werde sie in den Arm nehmen, sie liebhaben und ihnen zeigen, daß ich sie niemals im Leben enttäuschen werde. Ich möchte für sie da sein und sie als Kinder ernst nehmen. Sie sollen für mich immer wichtiger sein als der Mann, den ich einmal heiraten werde. In meiner Phantasie entwickele ich ein Gegenbild zu meinem eigenen Kindheitstrauma.

Meine Beziehungen zu Männern sind eher katastrophaler Art. Ich hatte bisher nur einen Freund, den ich schon länger auf kameradschaftliche Art kannte, bevor wir uns intim anfreundeten. Die Beziehung hielt acht Monate; die letzten vier Monate lebten wir in meiner Einzimmerwohnung zusammen, die ich bezogen hatte, nachdem meine Eltern sich getrennt hatten. Ich tat in dieser Freundschaft das, was mein Vater mit meiner Mutter gemacht hatte: Ich klammerte. Ich wollte ohne Unterbrechung mit meinem Freund zusammen sein. Wirklich ohne Unterbrechung. Ich ließ ihn nicht einmal alleine zum Fußballspielen gehen, sondern kam mit. Wenn er mit seinen Kumpanen hinterher in eine Kneipe gehen wollte, hängte ich mich an die Crew an. Nach einer Stunde nervte ich ihn: „Laß uns nach Hause gehen." Von der Arbeit holte ich ihn jeden Tag ab; ich stand vor dem Werkstor und wartete, bis seine Schicht zu Ende war. Er hätte – wie jeder normale Mensch – gerne auch Raum für sich und seine Interessen gehabt. Die Freundschaft konnte nicht gut gehen. Ich wollte endlich einmal einen Menschen besitzen. Ihn nur für mich haben. Ich inszenierte mein Kindheitstrauma. Es ist paradox: Meine Mutter konnte das Klammern meines Vaters nicht mehr ertragen und verließ ihn, um sich selbst zu verwirklichen.

Und ich folgte dem Beispiel meines verhaßten Vaters: Mein Freund sollte nur für mich dasein. Er sollte sich meinen Wünschen und Bedürfnissen unterordnen, so wie einst meine Mutter sich meinem Vater gefügt hatte. Die Beziehung zu meinem Freund ist seit einem halben Jahr vorbei. Ich habe mit ihm Schluß gemacht, weil ich nicht wollte, daß er es tut. Er fühlte sich in unserer Beziehung so eingeengt und geklammert, daß er mich auf Dauer nicht ertragen hätte und von mir gegangen wäre. Ich wollte nicht wieder das Gefühl in mir spüren, einen Menschen, den ich brauche, nicht für mich gewinnen zu können.

Bin ich eine gescheiterte Existenz schon mit 20? Aus der Sicht meines Vaters mag das so sein. Ich habe die Schule abgebrochen, weil ich kein Zutrauen zu mir hatte. Ich habe zwei Lehren zur Verkäuferin im Supermarkt und zur Rechtsanwaltsgehilfin abgebrochen, weil es Ausbildungen waren, die mein Vater für mich ausgesucht hatte und die mit mir selbst nichts zu tun hatten. Gestrandet. Nichts in der Tasche. Ich habe, als ich finanziell nicht mehr weiter wußte, sogar im Büro meines Vaters gearbeitet, denn ich war zu stolz, zum Sozialamt zu gehen. Hätte ich es bloß nicht getan! Mein Vater, das zeigte sich schnell, hatte sich immer noch nicht verändert: Ich machte alles falsch, war die Blödeste der Blödesten. Ob ich wirklich so blöd bin? Als wir auf dem Gymnasium einen Intelligenztest machten, ergab sich bei mir immerhin ein Intelligenzquotient von 124. Ich kann nicht wirklich so blöd sein, wie mein Vater mich hinstellt. Ich sollte mich von ihm überhaupt nicht mehr beeinflussen lassen.

Ich versuche im Moment, mir ein eigenbestimmtes Leben aufzubauen und mich nicht in Ausbildungen hineindrängen zu lassen, von denen mein Vater, der mich ja gar nicht kennt, meint, sie würden zu mir passen. Mir schwebt etwas anderes vor. In der Zeit, in der ich noch zur Schule ging, aber auch als ich arbeitslos war, fing ich an mit Baby-Sitting. Für mich sind Kinder die größte Freude, vor allem, wenn sie so sind wie meine kleine Schwester. Ich sauge die Lebensfreude dieser Kinder auf wie ein Schwamm das Wasser, das ja auch Leben bedeutet. Es ist für mich die schönste Beschäftigung, mit Kindern zu arbeiten. Dann bin ich glücklich, und die selbstquälerischen Gedanken verschwinden. Ich habe Glück gehabt: Ich habe mich in einem Kindergarten beworben und fange jetzt mit einer Ausbildung zur Kindergärtnerin an. Ich bin sicher, daß ich diesen Kindern das geben kann, was ich von meinem Vater nie bekommen habe: Liebe, Respekt und Anerkennung.«

„Ich sollte ihm seine eigene Einsamkeit erträglicher machen"

Die Egozentrik des angeblich guten Vaters

Cornelia

22 Jahre, Verkäuferin, ledig

Was Cornelia mit ihrem Vater erlebt hat, ist die abenteuerlichste Geschichte, die in diesem Buch vorkommt: Cornelia wurde von ihrem eigenen Vater entführt. Sie wuchs ohne Mutter, nur mit ihm zusammen, im Ausland auf. Vor zwei Jahren sah sie zum ersten Mal ihre Mutter wieder, wobei sich das negative Bild, das der Vater Cornelia über sie vermittelt hatte, überhaupt nicht bestätigte. Dieses Treffen war aber noch aus einem anderen Grund ein großer Einschnitt im Leben dieser Tochter. Die Mutter überreichte ihr ein psychologisches Gutachten, das erstellt wurde, als ihre Eltern sich vor 16 Jahren scheiden ließen und die Frage auftauchte, wem das Sorgerecht für Cornelia zugesprochen werden sollte. Es wurde der Mutter zugesprochen. Daraufhin entführte der Vater die Tochter und belog sie, indem er ihr einredete, die Mutter habe sie nicht haben wollen. Cornelia wurden vor zwei Jahren die Augen geöffnet: Sie erfuhr die Wahrheit und kann ihrem Vater bis heute nicht verzeihen. Durch das Gutachten, das Cornelia besitzt, erhält dieser Fall fast dokumentarischen Charakter: eine Tochter-Vater-Beziehung zwischen Schein und Wirklichkeit. Wir gewinnen außerdem Einsicht in die psychologischen Gründe des Vater-Verhaltens.

»Ich hatte immer gewußt, daß meine Kindheit ungewöhnlich gewesen gewesen war. Ich hatte immer gewußt, daß in meiner Erziehung verdammt viel schiefgelaufen war. Aber mir war nie klar gewesen, daß mein Vater mich total belogen und betrogen hatte. Er hat mich um meine Mutter gebracht. Mit diesem Wissen und meinem Haß auf ihn lebe ich seit zwei Jahren.

Für mich fing das Drama an, als ich etwa vier Jahre alt war. Meine Eltern beschlossen, sich scheiden zu lassen. Ich wuchs bei meinem Vater auf, der mit mir nach Portugal zog. Er erzählte mir, meine Mutter habe mich nicht haben wollen, weshalb das Gericht – in der damaligen Zeit ungewöhnlich genug – ihm als Vater das Sorgerecht zugesprochen habe. Sein Bild, das er mir von meiner Mutter vermittelte, war haarsträubend. Sie sei eine Schlampe gewesen und habe ihn während der Ehe fortwährend betrogen. Sie habe ihn dann wegen eines anderen verlassen. Ich als Tochter habe sie angesichts ihrer neuen Liebe nur gestört. Um mich habe sie sich überhaupt nicht gekümmert. Sie habe mich ursprünglich gar nicht haben wollen. Er schilderte mir meine Mutter in den schwärzesten Farben. Ich dachte wirklich, daß ich eine Rabenmutter hatte. Ich verstand daher gut, daß mein Vater und ich nicht in Deutschland lebten, sondern nach der Trennung meiner Eltern nach Portugal gezogen waren. Mein Vater hatte mir verständlich gemacht, daß er mich aus dem Umfeld meiner Mutter weit entfernen wollte. Da ich in den sechzehneinhalb Jahren, in denen wir in Portugal wohnten, nicht ein einziges Mal etwas von meiner Mutter hörte, fand ich die Version meines Vaters auch aus eigenem Erleben bestätigt. Ich hatte mich damit abgefunden, daß meine Mutter für mich nicht existent war.

Wir lebten in Portugal ein ungewöhnliches Leben. Mein Vater arbeitete als Exportkaufmann. Da das Leben in Portugal nicht so teuer ist wie in Deutschland und er gut verdiente, konnten wir ein sehr sorgenfreies, zum Teil sogar aufwendiges Leben führen. Da er selbständig war, konnte er sich seine Zeit so einteilen, daß ihm viel Zeit für mich blieb. Wir frühstückten jeden Morgen zusammen. Dann brachte er mich mit seinem Wagen zur Schule und fuhr weiter in sein Office. Mittags holte mich eine Nachbarin, die dafür Geld von uns bekam, ab, besorgte den Haushalt für uns und kochte. Mit ihr aß ich zu Mittag und sie überwachte außerdem meine Hausaufgaben. Mein Vater kam meistens früh nach Hause zurück. Er nahm sich Arbeiten, die er noch zu erledigen hatte, mit und setzte sich nach 22 Uhr, wenn ich im Bett lag, zu Hause an den Schreibtisch. Ansonsten widmete er sich vollständig meiner Person. Wir beide waren total aufeinander fixiert. Später, als ich älter war, lebten wir fast wie ein Ehepaar zusammen.

Ich hatte ein Kinderzimmer, wie ich es noch niemals anderswo gesehen habe, nicht einmal im Fernsehen. Es befand sich im ersten Stock des Hauses und bestand aus zwei ineinander übergehenden Zimmern. In dem einen, das durch eine Schiebetür mit dem Schlafzimmer meines Vaters verbunden war, übernachtete ich. In dem anderen konnte ich spielen. Ich hatte soviel Spielzeug, daß ich meine, mit einigen Puppen oder Teddys nie gespielt zu haben. Ich könnte mir vorstellen, daß einige Spiele noch originalverpackt sind. Beide Zimmer zusammen, schätze ich, hatten fünfzig Quadratmeter. Aber ich spielte immer allein oder mit Erwachsenen. Kontakt zu anderen Kindern hatte ich kaum; höchstens in der Schule und wenn ich zu Kindergeburtstagen eingeladen wurde. Ein wenig galten wir als die reichen Ausländer. Die Portugiesen suchten nicht unbedingt den Kontakt zu uns.

Mein Vater und ich schliefen immer bei offener Schiebetür. Ich hätte mit geschlossener Tür und ohne das Lämpchen, das auf einem Schemel in der Nähe der Tür stand und immer brannte, gar nicht einschlafen können. Wir hatten ein auffällig zärtliches Verhältnis zueinander. Wir redeten nicht viel, mein Vater war eher wortkarg, vielleicht ein bißchen schüchtern. Aber wir schmusten oft miteinander. Manchmal, als ich größer wurde, wunderte es mich, daß er sich nie auf die Suche nach einer anderen Frau gemacht hatte. Er brachte nie jemanden mit zu uns nach Hause. Er wird doch auch sexuelle Sehnsüchte gehabt haben. Wie er diesen Bereich für sich geregelt hatte, weiß ich nicht. Manchmal, wenn ich schon schlief, ging er in der Nähe in eine Bar. Was weiß ich, was dort passiert ist.

Daß ich mich vom Kind zur jungen Frau entwickelte – damit konnte er überhaupt nicht umgehen. Wir lebten bis auf wenige, eher oberflächliche nachbarschaftliche Kontakte recht isoliert. Als mich im Alter von 15 Jahren zum ersten Mal ein Junge von zu Hause abholte, um mich zum Tanzen auszuführen, bekam mein Vater seinen Mund nicht zu. Für ihn war ich wahrscheinlich immer noch das unerfahrene kleine Kindchen, das bis vor kurzem mit Puppen gespielt hatte. Er hatte es nicht mitbekommen, daß ich anfing, erwachsen zu werden. Er begrüßte den Jungen kaum und verschwand in seinem Arbeitszimmer. Als ich vom Tanzen nach Hause kam, hatte er eine ganze Menge getrunken. Er schrie mich an: „Du bist auf dem besten Weg, wie deine Mutter zu werden. Treibst dich schon in deinem Alter mit Männern rum!" Nie zuvor hatte er mich derartig angebrüllt. Ich bekam einen ungeheuren Schreck. Aber mich erschreckte auch, was er sagte. Ich hatte gar kein Unrechtsbewußtsein gehabt. Nun grübelte ich wochenlang nach, ob sie mir etwas von ihrem verwerflichen Wesen vererbt haben könnte. Ich war todunglücklich. Aber meinem Vater war sein Disziplinierungsversuch gelungen: Ich traf mich nicht mehr mit anderen Jungens. Ich hatte eine panische Angst, so zu werden wie meine Mutter, beziehungsweise so, wie mein Vater sie mir geschildert hatte.

Als ich zwanzig Jahre alt war und die Schule mit einer Ehrenrunde endlich beendet hatte, reiste ich nach Deutschland. Der Anlaß war eigentlich vordergründig. Ich hatte, vermutlich wegen der vielen Süßigkeiten, die ich von meinem Vater als Kind zu essen bekommen hatte, sehr schlechte Zähne. Sie sahen richtig ungepflegt aus. Mein Vater und ich hatten beschlossen, daß mein Gebiß gründlich saniert werden sollte, aber da wir zu wenig über die zahnärztliche Kunst in Portugal wußten, wollte ich diese Prozedur in Deutschland über mich ergehen lassen. Außerdem mußten mir alle vier Weisheitszähne gezogen werden. Wir meinten, in Deutschland sei ich besser aufgehoben, zumal mein Vater vor unserer Übersiedlung nach Portugal einen hervorragenden Zahnarzt gehabt hatte, der noch praktizierte.

Mein Vater quartierte mich in einem kleinen, aber feinen Hotel ein. Er hatte die Termine für mich so gelegt, daß alles in zwei Wochen erledigt sein konnte. Er selbst flog wegen dringender

Termine, die sich plötzlich ergeben hatten, für ein paar Tage nach Portugal zurück.

Ich weiß nicht, was mich ritt. Während ich nach der Weisheitszahnoperation in meinem Hotelbett lag, mußte ich immer wieder an meine Mutter denken. Ich hatte sie in Portugal fast vergessen, aber in meiner Geburtsstadt drängte sie sich förmlich in mein Gedächtnis. Ich sah ins Telefonbuch, und da wir einen ungewöhnlichen Namen haben, vermutete ich, als ich ihn entdeckte, sofort, daß sie es sein müßte. Ich fuhr am nächsten Tag mit dem Taxi zu dieser Adresse. Meine Hände zitterten und waren feucht. Meine Nase war eiskalt. Mir war so schlecht, daß ich dauernd dachte, mich übergeben zu müssen. Ich klingelte. Sie öffnete. Irgendwie wußten wir beide sofort, wen wir vor uns hatten. „Conny?" fragte meine Mutter nur. Ich sagte „Mami", wobei ich mir gleichzeitig sehr blöd vorkam, sie Mami zu nennen: Das Wort kam in meinem aktiven Sprachgebrauch gar nicht vor. Wir standen uns gegenüber und fielen uns plötzlich in die Arme. Ich fing herzzerreißend zu schluchzen an. Ich konnte mich, während sie mir über den Kopf strich, überhaupt nicht beruhigen. Als ich zu weinen aufgehört hatte, standen wir still voreinander. Eine fast peinliche Stille beherrschte den Raum.

Dieses Treffen mit meiner Mutter ist fast zwei Jahre her. Es veränderte wirklich mein Leben. Es krempelte alles, was ich für gültig gehalten hatte, um. Wir merkten natürlich schnell, daß meine und ihre Version der Vergangenheit absolut nichts miteinander zu tun hatten. Sie hätten sich damals ohne große Streitigkeiten auseinandergelebt, berichtete meine Mutter mir, während wir bei ihr in der Küche saßen und Milchkaffee tranken. Meine Mutter hatte gefunden, daß sich mein Vater seit der Heirat extrem verändert hatte. Ihr gemeinsames Leben sei genauso düster gewesen wie seine Altbauwohnung mit dem langen Flur und den dunkel gestrichenen Wänden, in der sie lebten. „Das Licht hat gefehlt", nannte sie es. Sie hätte die Wohnung damals gerne renoviert. Sie liebte sonnige Farben und transparente Vorhänge. Mein Vater, sagte sie, sei dagegen gewesen. Er sah es nicht ein, dafür Geld auszugeben. Er habe, das sei ihre Sicht, überhaupt kein Leben geführt, das lebenswert war. Ihm fehlte – ebenso wie dieser Wohnung – jede Heiterkeit. Er habe sich nur noch durch Muffeligkeit und schlechte Laune ausgezeichnet. Das Zusammenleben habe keinen Sinn mehr gehabt.

Als sie ihn kennenlernte, sei er sehr charmant gewesen. Ein attraktiver Mann, solide, bürgerlich, jemand zum Anlehnen und Vertrauen. Warum er sich so verändert habe? Sie wußte es nicht. Aber niemals ein liebes Wort. Keinen Urlaub, obwohl sie sich mit der großen Wohnung, meiner Erziehung und ihrem Beruf als Chefsekretärin abgeschuftet hätte. Kein gemeinsamer Spaziergang. Sie hätten nicht einmal mehr miteinander geschlafen. „Wir hatten uns irgendwann nicht mehr lieb", sagte meine Mutter. Sie waren sich, ohne daß sie sich gehaßt hätten, fremd geworden.

Das war unser erstes Gespräch, weil ich die Frage gestellt hatte, warum sie damals auseinander gegangen seien. Konnte ich ihr glauben? Es klang so ruhig und überzeugend, was sie sagte. Aber warum sollte mein Vater gelogen haben? Ich erzählte ihr seine Version. „Ich habe nicht gedacht, daß er so impertinent lügen würde. Das ist bodenlos", sagte sie. Ihr Gesicht war kalkweiß. Dann ging sie ins Wohnzimmer und holte ein fünfzehn Seiten umfassendes Dokument, offiziell abgestempelt. Ein psychologisches Gutachten, sechzehn Jahre alt und bereits leicht vergilbt. Wie sie an diese vertraulichen Unterlagen gekommen ist, weiß ich nicht. Es war ein Gutachten des Jugendamtes, in dem zwei Psychologen und ein Soziologe angesichts der bevorstehenden Scheidung meiner Eltern Stellung nahmen zur Frage des Familiengerichts, welcher Partei aus psychologischer Sicht das Sorgerecht übertragen werden sollte, das heißt konkret, bei wem ich nach der Scheidung meiner Eltern besser aufgehoben wäre. Meine Mutter blätterte die vorletzte Seite auf. Sie muß das Gutachten auswendig gekannt haben. Dort stand es, schwarz auf weiß: Die Gutachter hatten sich entschieden, meiner Mutter das Sorgerecht zuzusprechen! Damit war eindeutig bewiesen, daß mein Vater gelogen hatte! Meine Mutter gab mir, als ich nach drei Stunden völlig verstört und mit starken Wundschmerzen wegen der Weisheitszahnoperation in mein Hotel zurückfuhr, das Gutachten mit. Ich hatte die Tage darauf Zeit, es in Ruhe zu lesen. Zu meinem Vater sagte ich erstmal nichts. Er führte meine Wortkargheit auf die Weisheitszahnextraktion zurück. Er war nicht auf die Idee gekommen, daß ich meine Mutter hätte aufsuchen können. Er war der Überzeugung, daß der Haß, den er in mir gesät hatte, diesen Schritt für mich unmöglich machen würde.

Seine Sicht der Dinge stand im krassen Widerspruch zu dem objektiven Gutachten. Schon die ersten Seiten, auf denen die sogenannte Paargeschichte meiner Eltern analysiert wurde, öffneten mir die Augen und zeigten mir, daß meine Mutter mir keinesfalls ablehnend gegenübergestanden hatte. „Trotz aller Schwierigkeiten", so war in dem Gutachten wörtlich zu lesen, „haben beide Elternteile immer ein Kind haben wollen, obwohl gleichzeitig oft über eine mögliche Trennung gesprochen wurde". Beide sahen das Kind als „letzten Rettungsanker ihrer Beziehung" (Frau S.) an. Darin „keimte die Hoffnung, daß sich die Partnerschaft doch noch zum Guten wenden könnte" (Herr S.).

Bereits während der Schwangerschaft habe Frau S. sich von ihrem Mann wenig unterstützt und sich ihm auf eine Weise verpflichtet gefühlt, daß sie trotz schmerzhafter Komplikationen durch die Entbindung noch am Tage der Geburt nach Hause zurückgefahren sei, weil sie ihn nicht habe allein lassen wollen. Weder in dieser Zeit, noch in den darauffolgenden zwei Jahren habe sich ihr Mann „jemals um Cornelia gekümmert."

Mir schossen die Tränen in die Augen, als ich diese Zeilen zum ersten Mal las. Es erwuchs in mir ein ganz warmes Gefühl für meine Mutter. Sie hatte mich gewollt, geliebt, sich um mich gekümmert. Hatte ich sie, geimpft durch meinen Vater, wirklich gehaßt? Oder hatte es in meinem Inneren nicht eine Ahnung gegeben, daß sie so, wie er sie schilderte, nicht sein konnte? Wie sonst hätte spontan soviel Sympathie für sie vorhanden sein können beim ersten Lesen dieses Gutachtens? Zu diesem Zeitpunkt hatte ich sie schließlich nur einmal kurz für drei Stunden gesehen ...

Meinem Vater stand ich plötzlich irritiert gegenüber. Ich begriff schon beim Lesen, daß dieses Schriftstück meine bisherigen Sichtweisen umkehren, zumindest aber in Frage stellen würde. Warum hatte er mich so belogen? Was war der Grund gewesen, die Tatsachen dermaßen zu verdrehen?

Er hatte mir immer gesagt, er würde aus einem sehr glücklichen Elternhaus stammen, aber seine Eltern seien bei einem Unfall ums Leben gekommen, als er 24 Jahre alt war. In dem Kapitel des Gutachtens „Zur Lebensgeschichte des Kindesvaters" stand etwas anderes. Und das, was dort stand, mußte wahr sein, denn er selbst war ja derjenige gewesen, der seine Kindheit den Psychologen erzählt hatte.

„Er sei kein Wunschkind gewesen", schrieben die Gutachter nach einem Gespräch mit meinem Vater. „Bis zum sechsten Lebensjahr habe er oft allein spielen müssen, und erst nach einem Umzug der Eltern sei er ‚mit einer Horde von Jungen unterwegs' gewesen. Aus Erzählungen der Mutter wußte Herr S., daß die elterliche Beziehung von vielen Spannungen geprägt war, was wahrscheinlich mit dem hohen Altersunterschied der Eltern zusammenhing: Es waren 25 Jahre. Im Streit der Eltern vermutet Herr S. heute die Ursachen seines damaligen Asthmas. Der Vater habe weder mit ihm noch mit seiner eineinhalb Jahre jüngeren Schwester etwas anfangen können und soll immer wieder das gleiche Spielzeug mitgebracht haben. Als Herr S. vier Jahre alt war, trennten sich die Eltern. Die Ehe der Eltern wurde aber erst nach mehreren Jahren geschieden. Der Vater habe niemals Unterhalt gezahlt und sei inzwischen verstorben. Der Ort seines Grabes sei nicht bekannt.

Nach der Trennung der Eltern hielten sich die Geschwister, Herr S. und sein jüngerer Bruder, oft bei der Großmutter mütterlicherseits auf. Ihre Mutter habe bereits ein halbes Jahr nach der Trennung einen neuen Partner gefunden, den sie geheiratet habe. Sie habe sich wenig um ihre Kinder gekümmert. Der Stiefvater hingegen habe viel mit den Kindern in der Wohnung gespielt. Er habe auch Spielzeug gebaut. Aber er sei bald an Lungenkrebs verstorben."

Mir fiel es wie Schuppen von den Augen: Mein Vater mit seiner angeblich so glücklichen Kindheit! Was für eine Lüge! Dabei handelte es sich nicht um Verdrängung. Die Psychologen hatten ja die Wahrheit von ihm erfahren. Aber mich hatte er angelogen. Was hatte dieser Mann für ein ungeheures Schauspiel inszeniert!

Die Ehe meiner Eltern war von Anfang an nicht glücklich. Daran änderte auch meine Geburt nichts. Meine Mutter, so stand es weiter in diesem Gutachten, hielt es irgendwann, genau als ich vier Jahre alt war, nicht mehr aus mit meinem Vater. Sie zog zusammen mit mir aus. „Vier Monate lang", so stand es im Gutachten, soll mein Vater „regelrecht Psychoterror auf sie ausgeübt, sie beschimpft und auch körperlich bedroht haben. Herr S. will zwar gesagt haben, daß er seiner Frau und Cornelia ‚den Hintern vollhauen' wolle, hätte dies aber niemals getan, da er körperliche Gewalt ablehne." Fest steht, daß mein Vater eigentlich nicht mit der Trennung zurechtkam, auch wenn häufiger über Trennung gesprochen worden war. In dem Gutachten stand, daß er mehrfach betont habe, meine Mutter sei seine „Traumfrau".

Das war die Geschichte der Trennung meiner Eltern. Nichts von einem liederlichen Lebenswandel meiner Mutter. Nichts von Betrug. Sie kamen nicht mehr miteinander zurecht. Das war die Wahrheit. Und es gab noch eine Wahrheit: Die Gutachter empfahlen klar und deutlich, meiner Mutter das Sorgerecht zuzusprechen. Sie hatten meinen Vater im Umgang mit mir beobachtet und fanden seinen Einfluß auf mich nicht positiv. Im Gutachten klang das folgendermaßen:

„In den Gesprächen in unserer Beratungsstelle unterließ Herr S. keinen Versuch, Cornelias Verhalten und das, was sie sagte, hervorzuheben als Beweis, daß sie *nur* bei ihm leben wolle. Als wir Herrn S. bei uns und beim Hausbesuch mit Cornelia zusammen erlebten, sahen wir einen zwar liebevollen Vater, der aber dem Kind wenig Freiräume für eigene Phantasie und Initiative ließ. Entweder überforderte er sie mit einem Überangebot an Spielmöglichkeiten (Auswahl der Puppen) oder bot ein perfektes Kinderzimmer, das wenig spielerische Improvisation zuläßt. Andererseits engte er sie mit einer übertriebenen Reinlichkeit und häufigen Vorsichtsmaßnahmen (,Vorsicht, mach das doch so ...') ein, die Herr S. selbst eher als sorgend erlebte.

Wir erlebten Herrn S. zwar als sorgenden Vater, vermißten jedoch Selbstverständliches im Umgang mit Cornelia. Seine Sorge wirkte häufig überzogen, wenig kindgerecht und vom Denken eines Erwachsenen bestimmt, der sich mit der Trennung nicht arrangieren will. Dies wurde insbesondere deutlich, als wir wissen wollten, wie Herr S. auf eine Empfehlung von uns gegen ihn reagieren würde: Für ihn gäbe es nur *einen* akzeptablen Aufenthaltsort für Cornelia, nämlich bei ihm, und er würde sich weitere juristische Schritte vorbehalten. Er könne sich trotzdem eine gemeinsame elterliche Sorge vorstellen. Von den Folgen der erneuten Unsicherheit für Cornelia sprach Herr S. nicht, und sein persönliches Interesse schien im Vordergrund zu stehen, da er sehr entschieden wirkte und eine Abwägung nicht erkennen ließ. Frau S. hatte auf unsere Frage, wie sie mit einer Empfehlung im Gutachten gegen sie umgehen würde, eindeutig anders reagiert: Sie könne diese Entscheidung zwar nicht nachvollziehen, wolle aber, daß Cornelia endlich zur Ruhe komme und die Situation Verläßlichkeit für das Kind gewinne, aber auch für ihr eigenes Leben."

Die Gutachter beschrieben auch meine Reaktion auf meine Eltern: „In Gegenwart der Kindesmutter ist Cornelia ausgelassener und motorisch aktiver als in Gegenwart des Kindesvaters. Im Haushalt des Kindesvaters erlebten wir sie verhaltener und weniger spontan als im Haushalt der Kindesmutter. Gegenüber beiden Elternteilen zeigt sie eine gewisse Eigenwilligkeit, beide müssen gelegentlich besondere Energien zeigen, das Kind zu lenken. Cornelia testet offensichtlich jeweils gültige Grenzen aus und stellt sich auf Freiräume und Möglichkeiten sehr genau ein. So vergewissert sie sich wiederholt beim Vater, ob sie beim Arztspiel mit ihren Puppen wirklich Salbe schmieren darf oder ob etwa der Kindesvater in seinem Sauberkeitsdenken verletzt sein könnte.

In letzter Zeit neigt Cornelia zu Bettnässen und nächtlichem Weinen, insbesondere bei Besuchen beim Kindesvater. Wir meinen, daß Cornelia damit auf nichtsprachliche, kindgemäße Art zum Ausdruck bringt, daß sie sich unter Spannung fühlt und mit Verzweiflung auf die elterliche Konfliktsituation reagiert, die sie als Vierjährige nun wahrlich nicht lösen kann. Sie braucht dringend die Chance, aus ihrer zentralen Rolle im Spannungsfeld der Eltern entlassen zu werden. Schädlich für sie ist vor allem der hemmungslose Wunsch des Vaters, von ihr Vaterzugehörigkeitsbeteuerungen zu erhalten.

Cornelia hat uns gegenüber deutlich zum Ausdruck gebracht, daß sie alle ihre Angehörigen gern hat. Sie will sich in ihren guten Gefühlen Erwachsenen gegenüber, insbesondere den der mütterlichen und väterlichen Umgebung zugehörigen, nicht beeinträchtigen und zerreißen lassen. So ist ihre Gefühlswelt viel geeinter als die äußere getrennte Welt ihrer Eltern. Jeder noch so gut gemeinte Parteilichkeitsdruck bedeutet für Cornelia eine Störung und Belastung. Wenn sie dem Vater gegenüber das ‚Ich will bei dir bleiben' anbietet, so reagiert sie damit vor allem auf seine seelischen Bedürfnisse und Erwartungshaltungen. Auch Cornelia hat inzwischen die Erfahrung gemacht, daß der Vater im Grunde keine andere Lösungform als die seine gelten läßt, daß er nicht wirklich flexibel und kooperativ ist. Damit treibt er nicht zuletzt Cornelia in verzweifelte Ausweglosigkeit. Den sogenannten ‚kindlichen Willen' zum Maßstab zu machen, ist bei diesem noch sehr jungen Kind völlig verfehlt, zumal im Falle von Cornelia für uns allzu deutlich wird, daß sie nur dem größeren Druck nachgibt, der in diesem Fall eindeutig vom Vater ausgeht."

Die Gutachter empfahlen, das Personensorgerecht *uneingeschränkt* auf meine Mutter zu übertragen. Die Begründung: „Die Kindesmutter ist unserer Auffassung nach eindeutig besser als der Kindesvater dafür geeignet, Cornelia aufzuziehen. Cornelia sollte ihren Lebensmittelpunkt weiterhin bei der Kindesmutter haben. Frau S. bietet Cornelia den geeigneten familiären Rahmen, in dem Cornelia aufwachsen und sich gesund entwickeln kann. Erzieherisch setzt die Kindesmutter notwendige Grenzen, bietet aber gleichzeitig auch die notwendigen Freiräume, die Cornelia zu ihrer persönlichen Entwicklung und Entfaltung braucht. Die emotionale Beziehung zwischen Mutter und Kind ist gut und stabil. Das häusliche Milieu bei der Kindesmutter ist freundlich und kindgemäß. Die hell und gemütlich gestaltete Wohnung bietet dem Kind viel Raum. Cornelia darf sich frei bewegen und ihre motorischen Bedürfnisse abdecken. Sie wirkt bei der Kindesmutter gut integriert, zeigt, daß sie sich wohlfühlt und verhält sich auf eine natürliche Weise fröhlich und selbstbewußt. Gleichzeitig werden die emotionalen Bindungen an den Kindesvater nicht tabuisiert oder problematisiert. So darf Cornelia an der Wand des Kinderzimmers Fotos von allen Angehörigen haben, die ihr wichtig sind, auch vom Kindesvater. Cornelia ist stolz auf ihre Fotosammlung, die sie sich selbst zusammenstellen durfte. Die Kindesmutter versucht, die emotionalen Belastungen für Cornelia im Zusammenhang mit der Trennungs- und Scheidungsentwicklung möglichst gering zu halten. Sie vermeidet auch, unangemessene Parteilichkeitsbezeugungen von Cornelia zu fordern. Die Kindesmutter berücksichtigt die alterstypischen und entwicklungsgemäßen Möglichkeiten Cornelias. Ihre erzieherischen Forderungen und Korrekturen an das Kind sind – ebenso wie das emotionale Beziehungsangebot an Cornelia – niemals Überforderung, sondern dem Alter und dem Entwicklungsstand des Kindes angemessen. Die Kindesmutter füllt auf eine klare und natürliche Weise ihre Mutterrolle aus und bietet dem Kind einen Lebensrahmen, in dem Cornelia sich gut orientieren und entwicklen kann. Gleichzeitig ist sie sich der Probleme des Kindes bewußt und zeigt sich bereit und offen für Anregungen hinsichtlich ihrer Bewältigung."

Mein Vater erhielt lediglich ein Besuchsrecht – und das zusätzlich mit Auflagen, „deren Erfüllung er nachweislich ernst nehmen muß", wie die Gutachter betonten. Mein Vater sollte folgende Bedingungen erfüllen:

„1. Er muß grundsätzlich die emotionale Überforderung von Cornelia unterlassen.

2. Er darf Cornelia nicht nötigen, Parteilichkeitsbeweise für ihn zu erbringen.

3. Er darf das Kind nicht belasten mit seiner eigenen psychischen Problematik, Einsamkeit und Trauer.

4. Er muß eine dem Kind bekömmliche Vaterrolle einnehmen und darf dabei weder die Personengrenzen noch die Grenzen zwischen Elternebene und Kindebene verwischen.

5. Er muß die Übergangssituation nach Besuchsende vernünftiger und neutraler gestalten und darf in diesem Zusammenhang nicht sein eigenes unverarbeitetes Trennungstrauma ständig – für das Kind deutlich sichtbar! – erneuern." Des weiteren wurden lediglich Besuche ohne eine Übernachtung erlaubt. Auch diese Entscheidung hatte gravierende Gründe!

„Der Kindesvater ist unserer Einschätzung nach derzeit nicht ausreichend imstande, Cornelia einen geeigneten erzieherischen und emotionalen Rahmen für ihre Entwicklung zu bieten", begründeten die Gutachter. „Seine emotionale Beziehung zum Kind ist überfrachtet mit übersteigerten Liebeserwartungen an das Kind, die Cornelia nicht nur in bedenklichem Maße überfordern und belasten, sondern sie auch stark einengen. Bindungswünsche des Vaters in diesem Ausmaß sind für die seelische Entwicklung des Kindes schädlich und nehmen Cornelia den notwendigen Freiraum für die eigene Entfaltung ihrer kindlichen Persönlichkeit. Cornelia spürt sehr deutlich die seelische Notlage des Vaters, kann aber mit ihren vier Jahren damit nicht umgehen, was auch nicht von ihr erwartet werden darf.

Dem Kindesvater ist es, auch nach vielen Gesprächen, bisher nicht ansatzweise klargeworden, wie sehr er selbst mit seinen emotionalen Problemen und Wünschen das Kind belastet und überfordert. Es fehlt ihm bisher die Einsicht in das, was er selbst mit seinem Fühlen und Handeln bei Cornelia auslöst. Wir vermissen bei ihm echtes Einfühlungsvermögen und Verständnis für Zusammenhänge von Verhaltensweisen und Gefühlslagen bei sich und anderen. Er zeigt weder Bereitschaft noch wirkliche

Aufgeschlossenheit, seine eigenen Anteile an der Entwicklung von Problemen und seelischen Belastungen des Kindes zu erkennen. In seinen Haltungen und Ansichten, seinen Erklärungsmustern und Handlungskonzepten bleibt er bisher eigentümlich starr und eigensinnig.

Wir halten es für dringend notwendig, daß Herr S. zunächst für sich und seine eigene Lebenszufriedenheit etwas tun sollte, als wichtige Voraussetzung dafür, für Cornelia eine positive, vernünftige und emotional stabile Vaterrolle leben zu können. Wir wünschen ihm in diesem Zusammenhang, eine neue Lebenspartnerin zu finden und sich dem Leben und seinen Anregungen mehr zu öffnen, wozu auch das Reisen als Quelle neuer Eindrücke gehören sollte. Das bisher sichtbare Verharren in eigener emotionaler Verletztheit sollte er – unter Umständen mit psychotherapeutischer Hilfestellung – überwinden lernen.

Besondere Sorge macht uns, welche Heilserwartungen er offensichtlich aus dem prinzessinnenhaften Bild von seiner Tochter ableitet. Seine abgöttische Liebe und Anbetungsbereitschaft gegenüber Cornelia trüge jetzt die Gefahr in sich, sich mit Cornelia gegenüber der normalen Außenwelt abzukapseln und damit Cornelia in ihren kindlichen Lebens- und Kontaktbedürfnissen stark einzuengen. Augenfällig wird das unter anderem durch die Gestaltung des Cornelia-Zimmers in seiner Wohnung. In dem großen Raum befindet sich ein eingebautes, sehr aufwendiges Kinderhaus mit einer übertriebenen Ausstattung mit Lampen und Betten und Pflanzen und sehr vielem Spielzeug. Eher ist von allem zuviel da, und alles ist eher zu fein und zu sauber, als es kindlichen Spielbedürfnissen entsprechen würde. Dieses ‚Haus im Haus' wirkt eher schloßähnlich und erweckt eher den Eindruck eines ‚goldenen Käfigs' als den eines Kinderspielzeugs.

Herr S. muß erkennen, daß Cornelia nicht dazu da ist, seine emotionalen Bedürfnisse über das normale Maß hinaus abzudecken. Er muß Einsicht entwickeln, seinen Besitzwunsch gegenüber Cornelia zu bremsen. Es darf nicht sein, daß Cornelia sich gefühlsmäßig gefordert fühlt, ihrem Vater über das bekömmliche kindgemäße Maß hinaus Bindungen anzubieten. Sie könnte Gefahr laufen, mit ihm zusammen in einen gefährlichen Dunstkreis von Gefühlen zu geraten, in dem das gegenseitige ‚Trösten' eine unerwünschte Entwicklung nehmen könnte. Cornelia darf nicht zum Partnerersatz werden.

Der Kindesvater müßte sich der Aufgabe stellen, an wichtigen und sinnvollen Abgrenzungen zu arbeiten, wozu auch das Schließen seines allzu offenen Schlafzimmers gehören müßte. Insbesondere darf der Kindesvater nicht den für Cornelia falschen Weg favorisieren, ihr Leben bei der Mutter aufzugeben, um dem Vater in seinem Leid beizustehen. Die Versuchung, sich für den Vater in gewisser Weise opfern zu wollen, liegt bei Cornelia gegenwärtig durchaus nahe, würde ihr aber in keiner Weise gut tun. Es ist nicht die Aufgabe eines vierjährigen Kindes, dem Vater die Einsamkeit erträglicher zu machen. Cornelia ist vor übertriebener ‚Familienliebe' zu schützen. Ansonsten sehen wir für Cornelia die Gefahr, in folgende Spaltungen hineinzuwachsen: a) Prinzessin und emotionale ‚Retterin' für den Vater, b) normales Kind bei der Mutter.

Cornelia befindet sich schon jetzt im Spannungsfeld dieser vorgezeichneten Rollen und hat Überforderungssymptome entwickelt. Auch der Kindesvater muß seinen Beitrag leisten, daß Cornelia in ihrer Identitätsbildung mit den Hauptfragen ‚Wer bin ich und wo gehöre ich hin?' nicht zerrissen wird. Hierzu wäre notwendig, daß auch er echtes Einverständnis und die Überzeugung entwickeln und zeigen könnte, daß Cornelias Lebensmittelpunkt bei der Kindesmutter für alle Beteiligten die richtige Entscheidung ist. Dazu würde auch gehören, daß er mit seinem gutgemeinten, aber für Cornelia schädlichen Kämpfen um das Kind aufhört. Seine Favorisierung des ‚kindlichen Willens' bedeutet für Cornelia ebenfalls eine erhebliche und altersunangemessene Überforderung. Cornelia kann nicht Entscheidungen treffen und verantworten, die von den Erwachsenen zu leisten sind."

Ich war 20 Jahre alt, als ich dieses Gutachten las. Ich begriff sofort, daß alles stimmte. Das war genau mein Vater, ohne daß ich es vorher so hätte formulieren oder überhaupt denken können! Er hatte mich nicht zu sich genommen, um mir etwas Gutes zu tun. Es gab nur einen Grund: Ich sollte ihm seine Einsamkeit erträglicher machen! Es schien den Gutachtern damals schon so, als würde immer sein persönliches Interesse im Vordergrund stehen und nicht meins. Richtig: Er hatte mich benutzt und mir gleichzeitig vorgegaukelt, alles nur meinetwegen zu tun. Er war mit der Trennung von meiner Mutter nicht klargekommen. Eine Verarbeitung war ihm nicht gelungen. „Unverarbeitetes Trennungstrauma". Das waren die beiden Worte in dem Gutachten. Er habe sich mit der Trennung nicht arrangieren können. Ihm wurde ja sogar empfohlen, psychotherapeutische Hilfe anzunehmen. Mein Vater, als er mich zu sich nahm, war ein Fall für den Psychiater!

Meine Mutter, die ich bis heute immer wieder treffe, erzählte mir in unserem zweiten oder dritten Gespräch, wie mein Vater es geschafft hatte, mich an sich zu reißen, obwohl das Gericht ihm das Sorgerecht aberkannt hatte. Es war etwa ein halbes Jahr nach Entstehen des Gutachtens gewesen. Meine Mutter hatte auf sein Drängen hin akzeptiert, daß er ein Wochenende mit mir wegfahren durfte. Dieses Wochenende nutzte er zu unserer „Flucht" nach Portugal. Er muß sie detailliert geplant haben, denn wir kamen an in einem perfekt eingerichteten Haus, in dem ich schon damals beim Einzug das ausstaffierte Kinderzimmer vorfand. Meine Mutter berichtete mir, daß er ihr ein Telegramm aus Frankreich geschickt habe, was er während unserer Durchreise aufgegeben haben muß. „Cornelia und ich kommen nicht mehr zurück. Zwecklos nach uns zu suchen. Ich ziehe sie groß. Grüße." Das war der Wortlaut. Meine Mutter hatte das Telegramm aufgehoben, so daß sie es mir zeigen konnte. Sie beriet sich damals mit einem befreundeten Psychologen. Nachdem sie versucht hatten herauszufinden, wo wir uns aufhielten, aber vergebens recherchiert hatte, lernte sie, meine „Entführung", wie sie es ohne Umschweife formulierte, zu akzeptieren. „Ich wußte, daß er gut zu dir sein würde. Ich wußte, daß er versuchen würde, dir alles zu schenken, was er auf seine Art schenken konnte. Das beruhigte mich ein wenig. Ich hörte nichts von euch. Wir hatten keinen Kontakt. Ich arrangierte mich mit der Situation. Mir blieb doch nichts anderes übrig", erklärte sie mir die damalige Lage.

Ja, er gab mir viel. Ich meine nicht nur das tolle Kinderzimmer mit den ganzen Spielsachen. Er schenkte mir mehr: Seine ungeteilte Zuwendung, Wärme, Nähe und Aufmerksamkeit. Und trotzdem kann ich mich heute nicht darüber freuen. Meine Erziehung fußte auf einem schlechten Fundament: auf einem Lügengebäude. Er kannte damals, als er mit mir floh, die Einschätzung der Gutachter. Er wußte, dieser Schritt könnte nicht gut für mich sein. Warum hat er es trotzdem getan? Wir trafen uns nach meinem Schock vor zwei Jahren noch einige Male, aber ich kehrte nicht mehr zu ihm nach Portugal zurück. Ich konnte ihm nicht verzeihen. Zeitweise haßte ich ihn. Seine Nähe hätte ich nicht ertragen.

Er würde keine andere Lösungsform als die seine gelten lassen, hatten schon die Gutachter geschrieben. Ich stellte, als ich ihn mit meinen gerade gewonnenen Erkenntnissen von vor zwei Jahren konfrontierte, fest: Er hatte seine eigene Wahrheit entwickelt. Er sagte zu mir: „Die Gutachter damals hatten keine Ahnung. Ich als Vater hörte immer nur deine Sätze in meinem Ohr. Du sagtest: ‚Papi, ich will bei *dir* bleiben.' Ich hätte es dir nicht antun können, dich bei deiner Mutter zu lassen!" Er hatte nicht verstanden, daß mein „Ich will bei dir bleiben" eine Reaktion auf seine Erwartungshaltung gewesen war, was die Gutachter richtig erkannt hatten.

So vieles, was in dem Gutachten prognostiziert worden war, trat ein. Ich lebte doch tatsächlich wie eine Prinzessin im goldenen Käfig und wurde seine kleine Traumfrau, die ihm sein Leben verschönte und ihn nicht der Einsamkeit preisgab. Was war mein Preis, den ich dafür gezahlt hatte? Es wird sich noch herausstellen, auf jeden Fall scheine ich erhebliche Beziehungsschwierigkeiten zu haben. Ich hatte noch nie einen Freund, weil ich noch nie einen Mann getroffen habe, in den ich mich hätte verlieben können. Bei meinem Vater hatte ich nicht die Chance, meine eigenen Gefühlswelt zu entfalten.

Warum hat er mich so sehr benutzt? Ich muß häufig an seine eigene Kindheit denken. Interessanterweise war er ebenfalls vier Jahre alt, als seine Eltern sich trennten. Sein Vater kümmerte sich überhaupt nicht um ihn, seine Mutter wenig, und der Stiefvater, zu dem er eine emotional enge Beziehung hätte aufbauen können, starb sehr früh. Er war das ungeliebte Kind, das sich als erwachsener Mann die Liebe, die man ihm früher nicht gegeben hatte, von mir holte. Er konnte es wahrscheinlich nicht ertragen, bei der Trennung seine „Traumfrau" und gleichzeitig auch seine Tochter zu verlieren. Aber hätte er diese Zusammenhänge nicht erkennen müssen? Sie wurden von den Psychologen doch artikuliert! Mußte er mir gegenüber derart egozentrisch handeln?«

IV. Das Verständnis für den Vater
Betroffene sprechen

„Wir können einander nicht loslassen"

Der mißglückte Abnabelungsversuch

Vivian

27 Jahre, Architektin, ledig

Sie spricht leise und langsam, mit langen Denkpausen dazwischen. Manchmal, wenn sie einen Satz bereits angefangen hat, nimmt sie ihn wieder zurück und beginnt von neuem. Es ist Vivian wichtig, daß ihre Aussagen bis zur kleinsten Nuancierung stimmen und von ihrem Gegenüber richtig verstanden werden. Aber diese Art von Vivian, sich zu artikulieren, hat nicht nur etwas mit Präzision zu tun. Sie zeigt auch, wie unsicher sie sich noch ist, was ihre Beziehung zu ihrem Vater betrifft, und wieviel sie von dem, was sie mit ihm erlebt hat, nicht zulassen kann. Es fällt auf, daß sie sein Verhalten oft zu entschuldigen versucht, wenn sie es gerade vorher kritisiert hat. Sie macht sich zum Anwalt ihres Vaters.

»Mein Vater ist ein sehr freundlicher Mann, den eigentlich alle gern mögen. Nie würde ihm ein böses Wort über die Lippen kommen, auch wenn er sich beispielsweise beruflich über einen Auftraggeber geärgert hat. Er ist immer gleichbleibend höflich. Noch nie in meinem Leben habe ich ihn schreien gehört. Lautstarke Auseinandersetzungen lehnt er ab.

Immer lieb. So war er auch zu mir, als ich noch ein kleines Kind war. Er hat mich nie angebrüllt. Er hat mir nicht einmal einen Klaps gegeben. Spielen konnte ich sogar mit ihm, das war toll. Huckepack-Reiten und Märchen-Nachspielen. Ich war für meinen Vater Mittelpunkt seines Lebens. Er nahm sich viel Zeit für mich. Sein Büro befand sich wenige Schritte von unserem Wohnhaus entfernt, und so kam er häufig zu uns hinüber und rief schon an der Tür: ‚Na, wo steckt denn mein kleines Spatzilein?" Es war genauso wie in der Pelle-Geschichte von Astrid Lindgren. Der war für seine Eltern auch ihr ein und alles. „Pelle" war über Jahre unsere Familiengeschichte. Es gab kein Weihnachtsfest, an dem mein Vater sie nicht vorgelesen hätte. Pelle war heile Welt. Perfektes Familienglück.

Wir waren eine sehr glückliche Familie, auch was die Ehe meiner Eltern betraf. Zu meiner Mutter hatte mein Vater immer ein gutes Verhältnis. Die beiden verstehen sich noch heute nach 35 Jahren super. Er kommt überhaupt mit Frauen gut klar. Er würde jeder Frau alles abnehmen. Er hilft, wo er nur kann, seiner Tochter, der Mutter, den Schwägerinnen, den Schwestern. Aber ich denke, daß es für ihn immer am schönsten gewesen ist, mich zu umsorgen und mir jeden Wunsch von den Lippen abzulesen. Er fand es zu schön, mich zu verwöhnen. Oft brachte er mir einfach so zwischendurch etwas mit. Ich sah als Kind wohl auch ganz süß aus. Hatte ganz dunkle Haare und eine honigfarbene Haut. So eine Tochter hatte er sich immer gewünscht. Er quoll über vor Vaterstolz.

Daß mein Vater einmal mein Problem werden würde, hätte ich damals als Kind nie gedacht. Es war absolut nichts an ihm auszusetzen. Ich fühlte mich selig. Man kann sich gar nicht vorstellen, daß jemand eine schönere Kindheit hätte haben können als ich. Unsere kleine Dreierfamilie wurde von allen anderen beneidet, obwohl wir wenig mit anderen machten und fast nie Besuch hatten. Wir blieben meistens unter uns. Aber es ging uns wunderbar. Es fällt mir darum schwer, ihn jetzt zu kritisieren. Er wollte für mich sicherlich immer das Beste tun, was in seiner Macht stand. Eigentlich war er absolut perfekt. Und trotzdem ist gerade er der Verursacher meiner Probleme. Der unwissentliche Verursacher.

Die Schwierigkeiten fingen an, als ich langsam begann, meine eigene Meinung zu entwickeln, also in der Pubertät oder kurz danach. Ich war 17. Mit meiner Mutter konnte ich prima diskutieren. Sie fand es gut, daß ich eigene Ansichten zu entwickeln begann. Meine Mutter und ich haben sowieso immer ein sehr freundschaftliches Verhältnis zueinander gehabt. Mit meinem Vater aber prallte ich plötzlich zusammen.

Ich ging auf Opposition, ziemlich konträr. Ich hatte in der damaligen Zeit ganz links-revolutionäre Phantastereien im Kopf. Darüber wollte ich mit ihm diskutieren. Aber er hielt das nur für Gerede, das zu nichts führt. „Die zornigen jungen Mädchen von heute", pflegte er süffisant zu sagen. Er nahm mich zum ersten Mal in meinem Leben nicht ernst, was mich verletzte. Ich fühlte mich nicht vollwertig. Das war ich nicht gewohnt.

Schwierigkeiten hatten wir auch, als ich seine Wertvorstellungen zu hinterfragen begann, was wohl sehr viele Jugendliche tun. Leistung, Erfolg, finanzielle Absicherung – das waren die Pfeiler, auf die er sein Leben aufgebaut hatte. „Man hat nur Erfolg durch Leistung. Und Leistung ist, was zählt." Er war sehr stolz auf sein Haus und ein kleines Feriendomizil in der Toskana. Das hatte er sich alles selbst verdient. Aber muß man denn ein Haus und ein eigenes Auto haben? Muß man soviel arbeiten? Ist die Selbständigkeit, die ihm über alles geht, das höchste Glück? Ich hatte Fragen über Fragen. Nicht, daß ich schon eine ausgeprägte Meinung gehabt hätte. Aber Fragen. Mit denen lief ich auf. Er tat sie als Gerede ab und setzte sich überhaupt nicht mit mir und meinen Gedanken auseinander. Ich glaube, daß er es nicht aushalten konnte, wenn jemand, den er so lieb hatte wie mich, sein Wertesystem antastete. Wer so etwas nicht ertragen kann, ist wahrscheinlich unsicher. Auch wenn er immer anders tat: Mein Vater ist nicht sehr selbstsicher. Meine Mutter ruht viel eher in sich.

Vaters Skepsis betraf auch die Wahl meiner Freunde und Freundinnen. An allen hatte er etwas auszusetzen. Niemand war ihm gut genug für mich. Schon gar kein männliches Wesen. Als ich das erste Mal ein bißchen verliebt war und der Junge mich abholte, nickte mein Vater nur kurz und verschwand dann nach oben in den ersten Stock, in dem er noch ein zusätzliches Arbeitszimmer hatte. Er sagte nicht einmal guten Tag. War mir das peinlich! Ich ging mit dem Jungen weg und als ich meinen Vater dann später, als ich nach Hause zurückkam, fragte: „Warum warst du so komisch? Wie findest du ihn denn?" kam nur der Spruch: „Der sollte sich mal die langen Haare abschneiden lassen. Dann können wir noch mal drüber reden." Ich fand meinen Vater unerträglich konservativ. Aber wahrscheinlich war er auch ein wenig eifersüchtig. Wenn eine Tochter flügge wird, paßt der Vater ganz genau auf. Und natürlich ist ihm kein Junge gut genug für seine Tochter.

Trotzdem muß ich zugeben: Es eskalierte nie zwischen uns, und das lag sicherlich auch daran, daß er so besorgt und fürsorglich war, daß ich nie böse mit ihm sein wollte. Er holte mich zum Beispiel häufig vom Gymnastikunterricht ab, damit ich abends nicht im Dunkeln allein nach Hause gehen mußte. Und noch heute – ich bin immerhin eine erwachsene Frau von 27 Jahren – will er wissen, wo ich hinfahre, was ich mache und wann ich zurück komme. Da gab es für ihn nie ein Pardon und keine Ausnahme: Früher, als Jugendliche, bekam ich sogar immer festgesetzte Zeiten mit. Ich konnte nicht einfach auf einer Party bleiben, solange ich wollte. Selbst als ich schon mündig war, aber noch unter seinem Dach lebte, erwartete er, daß ich mich an diese Spielregeln hielt.

Obwohl ich es versucht habe: Es wollte mir nicht gelingen, mich von meinem Vater loszuschwimmen. Ich habe es wirklich versucht, und ich habe sogar rebelliert. Und dann fing ich nach dem Abitur sogar mit demselben Studium an wie er. Wieder ein intensiver Kontaktpunkt. Wenn ich Fragen hatte, war natürlich er mein Ansprechpartner. Bei mir holte er sich hin und wieder auch schon mal einen Rat. Die Phase der Rebellion war vorbei. Widerspruch wie in der Pubertät kam nicht mehr vor. Ich marschierte seinen Weg, lebte ziemlich genau das Leben wie er, ohne daß er mich dazu je überredet oder gar gezwungen hätte. Es war mein Entschluß, dasselbe wie er zu studieren.

In dieser Zeit, über die ich gerade berichtet habe, lebte ich zu Hause bei meinen Eltern. Die total heile Welt. Es war wirklich so. Wir haben uns nichts vorgemacht. Wie ein Schlag in den Magen muß es für ihn gewesen sein, als ich ihm dann mit 22 sagte, daß ich ausziehen würde. Damit hatte er nicht gerechnet, und ich sagte es ihm erst, als ich den Mietvertrag schon unterschrieben hatte – vielleicht aus Angst, er könnte mich zurückhalten. Ich weiß noch genau, daß ich ein schlechtes Gewissen hatte, auszuziehen. Vom Kopf her war mir klar, daß es mit 22 völlig normal, wenn nicht sogar ziemlich spät ist. Aber ich wußte, daß ich ihm mit diesem Schritt wehtun würde.

Eine eigene Wohnung, der Traum jedes jungen Menschen. Bei mir stellte sich der Traum von Freiheit nicht ein. Wenn ich nicht an der Uni war, jobbte ich tagsüber bei meinem Vater im Büro, abends nach Ladenschluß aß ich meistens Abendbrot mit meinen Eltern zusammen, und wenn ich am Wochenende allein in meiner Wohnung war, rief spätestens am Nachmittag mein Vater an, ob es mir gut gehen würde und ob alles in Ordnung sei. Meist ging ich dann doch wieder zu meinen Eltern hinüber. Ich hätte überhaupt nicht ausziehen müssen.

Aber wenn ich heute ganz ehrlich zu mir bin, ging die Suche nach Nähe nicht nur von ihm aus. Wir beide hingen über alle Maßen aneinander. Ich erinnere mich noch an ein Beispiel, das Bände spricht: Über hundertfünfzig Kilometer von zu Hause entfernt fiel mir in jener Zeit auf der Autobahn der Auspuff meines Autos ab. Ich hätte als erwachsene Frau einfach den ADAC rufen oder zur allergrößten Not eben in einem Hotel übernachten können. Aber ich rief um 23 Uhr nachts meinen Vater an! Der sagte auch nicht: „Spinnst du?" oder irgend etwas, was vermutlich ein normaler Vater gesagt hätte. Er fuhr mit seinem Wagen los, kam weit nach Mitternacht an, setzte sich in mein Auto ohne Auspuff und fuhr es die hundertfünfzig Kilometer zu uns nach Hause zurück. Ich setzte mich in seinen dikken Mercedes und folgte ihm. Unangenehme Sachen hat er mir immer abgenommen, und ich habe es von ihm nicht nur erwartet. Irgendwann hatte ich mich völlig daran gewöhnt.

Ich denke, daß mein Dilemma darin bestand, nicht nur jederzeit seinen Rat und seine Hilfe in Anspruch zu nehmen. Dann wäre ich vielleicht schlicht eine egoistische Person gewesen, die ihn ausgenutzt hätte. Mein Dilemma war, daß ich gleichzeitig darunter litt. Er nahm mir alles ab, und ich drohte oft genug daran zu ersticken. Ich wollte so gerne selbständig werden und warf ihm vor, daß er mir keinen Spielraum lassen würde, mich selbst zu leben und auszutesten, was eigenständiges Leben eigentlich bedeutet. Einen Tag später fiel ich selbst in das alte fragende Kindchen-Schema zurück, ich, die ihm gerade vorgeworfen hatte, daß er mich nicht loslassen und selbständig werden lassen könne. Wie fülle ich meine Steuererklärung richtig aus? Wie lege ich mein Geld an? Wie könnte ich es investieren? Soll ich eine Werkstatt mit der Inspektion meines Autos beauftragen oder sind Inspektionen unnötig? Wir konnten beide nicht loslassen. Etwa ein Jahr nach meinem Auszug von zu Hause wurde ich magersüchtig. Ich hatte 50 Kilo gewogen, mich aber immer noch zu dick gefunden und mich auf 40 Kilo heruntergehungert. Ich wurde in eine Spezialklinik eingeliefert und eine ganze Zeit lang künstlich ernährt.

Magersüchtig – mir war, als ich mich herunterhungerte, nicht klar, daß ich in diese Gefahr geraten würde. Meine Eltern drängten darauf, daß ich eingeliefert wurde, als ich absolut kein Essen mehr bei mir behalten konnte. Das war für mich der totale Schock, aber heute weiß ich, daß mir diese Zeit im Krankenhaus die Augen geöffnet hat. Ohne die Magersucht wäre ich heute nicht soweit, was Erkenntnisse über die Beziehung zu meinem Vater betrifft.

Wenn jemand mit Magersucht im Krankenhaus liegt, werden automatisch Psychologen eingeschaltet. Auch ich machte damals eine Verhaltenstherapie mit. Es wurde mir schnell klar, daß die Magersucht einer jungen Frau immer etwas mit ihrer Angst vor dem Erwachsenwerden zu tun hat. Die meisten haben wie ich Probleme damit, sich von ihrem Elternhaus zu lösen. Diese Erkenntnisse konnte ich akzeptieren, aber es tut mir noch heute weh, daß sie meinem Vater für alles die Schuld geben wollten. Schuld ist wahrscheinlich der falsche Ausdruck, denn Psychologen halten sich mit Schuldzuweisungen zurück. Aber ich denke immer, daß er es doch so gut gemeint hat und so ideal sein wollte. Wenn ich ehrlich bin, finde ich auch, daß er ideal gewesen ist. Aber die Kehrseite ist mein Problem, mich von ihm zu lösen. Wir können einander nicht loslassen.

Nach der Magersucht versuchte ich auf Anraten des Psychologen, mir intensiver das eigene Leben aufzubauen. Ich suchte mir zum Beispiel ein Hobby, das meine Eltern nicht haben und fing an, Tennis zu spielen. Mein Vater half mir, indem er sich völlig zurücknahm und von sich aus gar nicht mehr anrief, sondern wartete, bis ich mich meldete. Aber als ich zunahm und alles wieder in normale Bahnen kam, gerieten die guten Vorsätze schnell in Vergessenheit. Wir telefonieren heute wieder so oft wie früher miteinander.

Es hat sich dennoch ein wenig verbessert, und in der Zwischenzeit hatte ich sogar zwei richtige sexuelle Beziehungen zu Männern. Vor der Magersucht hatte ich mit keinem einzigen Mann geschlafen. Das muß sich einer vorstellen: Den ersten richtigen Geschlechtsverkehr hatte ich erst mit 24. Aber die zwei Beziehungen gingen schnell in die Brüche, die erste nach drei Monaten, die zweite nach einem dreiviertel Jahr. Ich empfand die Zuneigung dieser beiden Männer als zu bedrängend. Der zweite fing schon nach einem halben Jahr an mit konkreten Lebensplanungen. Er wollte ein Häuschen, heiraten, ein/zwei Kinder. Ich ergriff die Flucht. Mir war das alles zu klammerig. Ich fühlte mich nicht reif für diesen Begriff „gemeinsam". Gemeinsame Pläne. Gemeinsame Zukunft. Eine gemeinsame Wohnung. Natürlich ist mir auch in bezug auf diese Verhaltensweisen und Einstellungen meinerseits klar, daß sie etwas mit der Beziehung zu meinem Vater zu tun haben. Das sagt einem der reine psychologische Laienverstand: Wenn du dich als Frau nicht von deinem Vater gelöst hast, kannst du keine emotional tiefe Bindung zu einem anderen Mann eingehen.

Was mich immer gewundert hat und worüber ich noch heute nachdenke, ist die Tatsache, daß beide Freunde überhaupt keine Ähnlichkeit mit meinem Vater hatten. Sie waren blond, groß, der erste sogar durchtrainiert. Sie waren gleichaltrige, eher kameradschaftliche Typen, die einander in den wesentlichen Charakterzügen ähnelten. Allerdings hatte besonders Jochen, mein zweiter Freund, eine Eigenschaft, die sehr viel mit meinem Vater zu tun hat: Er besaß einen ganz ausgeprägten Beschützerinstinkt. Es liegt auf der Hand, wie sehr das mit seinen Familienplänen zusammenhing. Dieses ausgeprägte Beschützen-Wollen kann ich mittlerweile bei meinem Vater nicht mehr ertragen, obwohl ich noch immer davon abhängig bin. Bei Jochen führte es zum Schlußstrich.

Ich denke, ich müßte auch mit meinem Vater Schluß machen, um frei zu sein für mein eigenes Leben. Ich müßte Schluß machen, um ihn neu zu finden. Um ihm als erwachsene Frau gleichberechtigt begegnen zu können. Aber ich möchte ihm das nicht antun. Ich möchte ihm nicht weh tun. Er hat alles in seinem Leben so gut gemeint. Er war so perfekt. So vorbildlich Vater. Ich habe Tage und vor allem Nächte, da schäme ich mich in Grund und Boden, daß ich ihm so große Probleme mache. Ich weiß ja, wie sehr er sich sorgt.«

„Ich dachte, ich interessiere ihn nicht"

Der Kampf mit dem Gefühl, nicht liebenswert genug zu sein

Barbara

34 Jahre, Grafikerin, geschieden

Sie hat einerseits sehr intensiv über die Beziehung zu ihrem Vater nachgedacht. Andererseits bemüht sie sich, ihm nichts nachzutragen. Barbara möchte seine Verhaltensweisen verstehen lernen und wünscht sich, daß ihr Vater wiederum versteht, welche Folgen sein Verhalten für ihre Entwicklung hatte. Sie hat sich als erwachsene Frau immer wieder direkt mit ihm auseinandergesetzt, ihn gefragt und ihn mit ihren eigenen Ängsten konfrontiert. Das war nicht immer einfach, und sie sagt von sich selbst, daß noch lange nicht alles aufgearbeitet und klar geordnet ist, sondern daß es noch viele Wunden zu entdecken gibt.

»Mein Vater, als ich ein kleines Kind war? Ich erinnere mich kaum an ihn. Eigentlich ist es das Bild eines Vaters, der nicht vorhanden ist. Es gab keine gemeinsamen Wochenendausflüge und keine Sonntagsspaziergänge. Mit ganz wenigen Ausnahmen liefen alle familiären Aktivitäten nur zwischen meiner Mutter und mir ab. Alle Zuständigkeiten, alle Belange meines Lebens als Kind hatten nur mit meiner Mutter zu tun. Denn erstens war mein Vater nicht viel zu Hause. Und wenn er zu Hause war, hat er gearbeitet. Und wenn er nicht gearbeitet hat, hat meine Mutter gesagt: „Laß ihn in Ruhe." Ich habe meinen Vater als Kind nie richtig kennengelernt. Wir hatten nie eine Chance auf Routine.

Natürlich gibt es ein paar Erinnerungen an ihn, die ich für immer im Kopf behalten werde. Erinnerungen, die ich kultiviert habe. Es ist erschreckend erstaunlich, mit welchem Minimum eine Tochter zufrieden ist. Man bekommt nur ganz wenig vom

Vater, aber diese Kindheitserinnerungen hängt man so hoch auf, daß sie einen ganz außergewöhnlich überproportionalen Stellenwert erhalten.

Es gab eine Übung, bei der mein Vater sich auf den Rücken legte, die Hände links und rechts neben den Kopf tat, wobei ich dann meine Füße auf seine Hände stellte und er mich hochdrückte. Ich war stolz! Das ist eines meiner ersten Bilder: Mein Vater als der starke Fremde.

Ich weiß auch noch wie heute, daß er mir einmal ein Kompliment machte. Meine Mutter ist eine begnadete Bastlerin und hatte mich für eine Faschingsfeier als Engelchen zurechtgemacht. Ich, vier Jahre alt, klein, pummelig, mit roten Bäckchen, muß süß ausgesehen haben. Mein Vater kam von der Arbeit nach Hause, erstarrte in der Mitte des Raumes, fiel auf die Knie und gab mir einen Handkuß. Es war mir so peinlich, daß ich mir auf die Zunge biß. Gleichzeitig war ich stolz. Aus heutiger Sicht war es das Erleben: O Gott, der nimmt dich wahr. Du bist für ihn existent! Allerdings erinnere ich nur ein einziges Mal, daß er etwas, was ich tun wollte, vom Anfang bis zum Ende begleitet hat. Da hatte ihm jemand gesteckt: „Du, deine Tochter kann ja richtig schwimmen. Warum hat die noch keinen Freischwimmer?" Er guckte mich daraufhin an und sagte: „Wieso hast du eigentlich noch keinen Freischwimmer? Komm, wir machen deinen Freischwimmer." Und ich steckte meine kleine Patschehand in seine, wir gingen ins Wellenschwimmbad, und ich machte den Freischwimmer. Als Belohnung durfte ich mir eine weiße Badekappe mit roten Pünktchen kaufen, und mein Vater und ich liefen anschließend über die Promenade, mein Vater mit stolzgeschwellter Brust.

Viel mehr Erinnerungen gibt es nicht. Aber es war auch nicht so, daß er mir bewußt gefehlt hätte. Zum Beispiel erinnere ich unsere Wochenenden an der Ostsee. Mein Vater war den ganzen Tag auf dem Tennisplatz, und ich war mit meiner Mutter allein unten am Strand. Wir hatten viele Freunde, und wahrscheinlich vermißte ihn auch von denen keiner. Wir waren eine homogene Gemeinschaft, und wenn mein Vater kam, wurde er sogar als Störenfried empfunden. Viel später erst ist mir klargeworden: Das lag vor allem daran, daß meine Mutter so reagierte, als ob er stören würde. Meine Mutter bereitet heute noch Freunde in dieser Weise vor: „Hoffentlich ist mein Mann noch nicht da, sonst können wir das und das und das nicht tun." Genauso sah ich ihn als Kind durch den Einfluß meiner Mutter. Dafür hatte ich natürlich einen gewaltigen Respekt vor ihm. Erst viel später erfuhr ich durch meine Auseinandersetzung mit ihm, daß mein Vater gar nicht der respektvolle Fremde sein wollte. Er wurde in diese Rolle hineingedrängt.

Meine Tochter-Vater-Beziehung kann man ohne die Rolle, die meine Mutter gespielt hat, nicht verstehen. Meine Mutter brauchte jemanden, der sie liebenswert machte. Darum wurde ich geboren. Ich bin ihre Lebensversicherung für Sinn. Eine Frau, die aus diesem Grund Mutter wurde, kann den Vater ihrer Tochter in seiner Rolle als Vater nicht stark und liebevoll werden lassen. Sie wird froh sein, wenn er sich nicht zu stark einmischt, denn die Hauptrolle soll ja sie, die Mutter, spielen. Meine Schwierigkeit mit meinem Vater besteht unter anderem darin, daß ich erst sehr spät erfahren habe, wie er wirklich ist. Mein Gefühl, daß ich ihn nicht interessiere, und meine Unsicherheiten wären sonst nicht existent.

Das Problem der kindlichen Sicht des Vaters ist, daß es in den meisten Familien die Mütter sind, die die Regeln festsetzen. Wenn du zum Beispiel eine schlechte Note in der Schule geschrieben hast und sie dir mit der Drohung „Warte nur, bis Papa nach Hause kommt" Angst machen, wird Papa aufgebaut als der große Rächer, vor dem du Furcht oder wenigstens Respekt zu haben hast. In Wahrheit sind die Väter nur froh, abends endlich von der Arbeit nach Hause zu kommen und ihre Ruhe zu haben.

Ich dachte, ich interessiere ihn nicht. Meine Mutter ist an dieser Tatsache nicht ganz unschuldig, denn sie hat mir viele Dinge, die er für mich getan hat, verschwiegen. Heute weiß ich, daß mein Vater wahnsinnig stolz auf mich war. Mit 22 Jahren erfuhr ich, daß er es war, der mir meine ganzen Plüschtiere geschenkt hat. Nicht meine Mutter. Ich habe eine ganze Reihe der liebevollsten Plüschtiere, die man sich vorstellen kann. Es handelt sich um einen kleinen Elefanten mit ausgearbeitetem Bäuchlein, um eine Katze mit Silberblick. Es sind ganz individuelle, goldige Plüschtiere, die mein Vater mir alle mitgebracht hat! Er blieb an den Wochenenden immer noch eine Nacht länger bei den Tennis-Turnieren, um mir am nächsten Tag, wenn die Geschäfte wieder geöffnet waren, etwas kaufen zu können.

Ich erfuhr auch erst vor wenigen Jahren, daß mein Vater ein Jahr lang, bis ich laufen konnte, ein richtiger Affenvater war. Nur er konnte das wirklich wahre Bäuerchen mit mir machen. Jede Nacht stand er auf und gab mir die Flasche. Er war der einzige, der mich perfekt wickeln konnte. Ich wußte das nicht. Für mich war es der absolute Schlüssel zu erfahren, daß mein Vater sich damals, als ich Baby war, tatsächlich um mich gekümmert hat. Mir wurde dadurch klar, warum ich mein Leben lang das Gefühl hatte, mir würde etwas fehlen, ohne benennen zu können, was es sein könnte. Mir fehlte seine Zuwendung, die ich ja einst gehabt hatte. Man vermißt nur dann etwas, wenn man es einmal hatte.

Mein Vater freute sich tatsächlich, eine Tochter zu haben! Er hatte sich immer eine blonde, blauäugige Tochter gewünscht. Er war zwar nicht bei der Geburt dabei, sondern besoff sich in einer Kneipe. Aber als er erfuhr, daß er eine blonde, blauäugige Tochter bekommen hatte, fuhr er sofort zum Standesamt und ließ mich auf den Namen Barbara eintragen. Ohne Absprache mit meiner Mutter, die noch nie von dem Namen gehört hatte. Er hatte ihn in jener Nacht, als er betrunken gewesen war, in einem Kitschroman gelesen. Die Heldin war blond, blauäugig und wunderschön gewesen und hatte Barbara geheißen.

Was meinen Vater für mich als Kind so schwer verständlich und zugänglich machte, ist seine Unfähigkeit, Gefühle zu zeigen. Er hat eine panische Angst vor Gefühlen. Feste zum Beispiel, die gefühlsduselig werden könnten, sind ihm ein Greuel. Mein Vater haßt Familientage. Mein Vater haßt Weihnachten. Mein Vater haßt Geburtstage. Und da er solche Tage haßt, ist er ekelhaft. Du kannst es nicht mit ihm machen. Du kannst mit ihm nicht feiern. Früher war ich sehr enttäuscht darüber. Heute bin ich soweit, erklären zu können, woran es liegt. Es ist sein eigenes Kindheitstrauma. Er hat eine Aversion gegen seine eigene Kindheit.

Mein Vater selbst kommt aus einer gehobenen Mittelschichtsfamilie. Seine Mutter war eine ganz warmherzige Frau, die zwar sehr burschikos wirkte, aber liebevoll war. Im übrigen sagte sie immer: „Ich möchte mit meinem Sohn nicht verheiratet sein."

Sein Vater war ein Schwein. Sein Vater saß am silbergedeckten großen Tisch, und seine Frau und sein Sohn mußten in der Küche essen. Wenn mein Großvater gut drauf war, warf er meinem Vater ein Stück Fleisch zu.

Das ganze Jahr über bekam mein Vater nie etwas geschenkt. Zu Weihnachten und an seinen Geburtstagen allerdings konnte er sich vor Geschenken kaum retten: Dann war sein ganzes Zimmer vollgestopft. An jedem Geschenk hing noch das Preisschild. Er mußte sich bei jedem Geschenk freuen und das Fest, das man für ihn ausgerichtet hatte, wunderschön finden. Das war die Liebe seines Vaters.

In jener Zeit, als er ein kleiner Junge war, konnte mein Vater noch Gefühle zeigen. Erst später als Erwachsener hatte er Schwierigkeiten mit Gefühlsäußerungen. Als seine Mutter, an der er sehr gehangen hatte, vor ein paar Jahren starb, konnte er nicht einmal spontan weinen. Er setzte sich in ihr Wohnzimmer und sah fern. Als wenn ihm ihr Tod vollkommen gleichgültig sein würde. Später, als er und ich auf den Dachboden des Hauses, in dem meine Großmutter gelebt hatte, kletterten, reagierte er dann. Wir fanden Briefe meines Vaters an sie. Feldpost. Wir weinten beide, als wir sie lasen, und dieses Erlebnis verband uns stark. Zum Teil waren es Liebesbriefe meines Vaters an meine Großmutter: „Mamilein, du wirst immer die einzige Frau in meinem Leben sein." In einem anderen Brief gestand er ihr: „Mamilein, ich schäme mich so!", weil er zum ersten Mal bei einer Prostituierten gewesen war, wie das im Krieg halt so gewesen ist. Er hatte Vertrauen zu seiner Mutter und liebte sie abgöttisch, aber wenn sie später, als er ein erwachsener Mann und Vater war, bei uns anrief, grunzte er nur: „Ach, die Oma schon wieder." Er zeigte seine Gefühle nicht mehr. Ich selbst kenne von ihm auch keine Zärtlichkeiten. Wenn ich mit ihm schmusen will, kneift oder bufft er mich. Immer habe ich hinterher blaue Flecken. Mein Vater ist ein Kaktus. Außen stachelig und innen eigentlich weich.

Meine Mutter ist ganz anders. Wir sahen früher abends zusammen Fernsehen, und sie streichelte mir dabei die Beine. Zu meiner Mutter hatte ich immer ein kuscheliges Verhältnis. In den Arm nehmen. Streicheln. Nackenkraulen. Ich liebe es heute noch, wenn sie mir die Füße knetet. Von meiner Mutter habe ich das Bedürfnis, anderen Zärtlichkeit zu schenken. Von meinem Vater habe ich die Angst, mich selbst in den Arm nehmen zu lassen. Ich bin dann manchmal so ruppig wie er.

Er war selten zu Hause. Er zeigte keine Gefühle. Er war bollerig. Keine sichtbaren Zeichen für Interesse und Zuneigung gegenüber seiner Tochter. Die schwerste Hypothek, die ich aus meiner Kindheit mitgenommen habe, ist der Eindruck, für meinen Vater nicht wirklich interessant zu sein. Mir hat häufig genug seine Anerkennung gefehlt. Er kann diese Dinge nicht äußern. Auch wenn ich ihn heute anrufe, muß ich teilweise betteln: „Bitte, hör mir doch zu!" Er sagt nur „Mmh" und „Ja", „Mmh" und „Nee". Und ich denke wieder: Es interessiert ihn gar nicht, was in mir vorgeht. Aber wenn es ihm selbst schlecht geht und er reden will, ruft er mich zu jeder Tages- und Nachtzeit an, egal ob ich beim Zeichnen bin oder auf dem anderen Appart beruflich telefoniere. Es sind Unwesentlichkeiten, mit denen er mich belegt, zum Beispiel, wie der Mechaniker seinen Fernseher eingestellt und daß er bei Aldi günstig eingekauft hat. Ich höre ihm zu. Aber warum, denke ich noch heute als erwachsene Frau, hört er mir nur so widerwillig zu? Ich weiß heute mit dem Kopf, daß es ihn interessiert, was ich denke und was in mir vorgeht, denn er hat es mir ausdrücklich gesagt, als ich ihn fragte. Aber aus meinem Inneren sind die in der Kindheit entstandenen Unsicherheiten, nicht ausreichend von ihm anerkannt zu werden und nicht interessant genug zu sein, nicht verschwunden. Manchmal glaube ich, daß er doch zuhört, aber daß er keine Anteilnahme zeigen möchte. Schließlich wäre das auch ein Gefühl. Aber mein durch meinen Vater entstandener Komplex, nicht interessant genug zu sein, greift viel weiter in mein Leben und betrifft nicht nur ihn. Warum wohl habe ich immer alles mit meinen Partnern mitgemacht? Ich habe auf diese Art und Weise viel gelernt. Autobasteln, Rennradfahren, Percussionspielen, Skat. Aber wo blieb ich mit meinen eigenen Interessen? Wer von den Männern hat etwas von dem gelernt oder mitgemacht, was ich kann? Ich habe doch auch etwas zu bieten!

Über allem, auch über der Angst, daß andere Menschen kein Interesse an mir haben könnten, steht meine Unsicherheit. Ich wußte ja nie, woran ich mit meinem Vater war, und noch heute schafft er es, mich zu verunsichern. Du weißt nie, was mit ihm los ist, wenn du zur Tür hineinkommst. Du weißt nie, welche Stimmung er hat. Das ist grausam. Beispielsweise telefoniere ich mit ihm, und er ist ganz lieb. Kurze Zeit später mache ich einen Spaziergang und schaue kurz bei meinen Eltern vorbei, um ihnen guten Tag zu sagen. Eben zuvor war mein Vater noch guter Stimmung, aber jetzt mufft er mich an. Er lebt nur nach seinen Regeln und hält sich nie an irgendwelche Konventionen. Als er meinen Mann, der damals noch nicht mein Mann war, kennenlernte, und wir gerade aus dem Urlaub gekommen waren, haute er ihm als erstes den Spruch „Andere Länder, andere Sitten. Andere Frauen, andere Titten" um die Ohren. Das ist mein Vater. Er wollte austesten: „Na, Junge, was kannst du ab?" Du versinkst als Tochter vor Scham in den Erdboden. Ich wüßte heute nicht, wem ich meinen Vater ruhigen Gewissens vorstellen könnte.

Er kann dich sehr verletzen. Er will es nicht, aber auch das ist ein Punkt, der dir jegliche Sicherheit nimmt. Als ich erfuhr, daß ich mit 21 Jahren von meinem damaligen Freund ungewollt schwanger geworden war, pöbelte er mich an: „Miteinander schlafen könnt ihr. Weißt du aber wenigstens, von wem das Balg ist?" Das war seine erste Reaktion auf die entsetzliche Tatsache, daß ich schwanger war. Ich rannte heulend weg. Ich war fertig.

Und obwohl ich mit dem Auto nur zehn Minuten zur Wohnung meines Freundes brauchte, hatte er in der Zwischenzeit schon viermal bei ihm angerufen, ich solle mich bitte sofort bei ihm melden. Natürlich hatte er es nicht so gemeint. Es tat ihm leid. Aber im ersten Moment reagiert er oft so harsch und verletzend. Und dabei tut er manchmal auch etwas, was du überhaupt nicht von ihm erwarten würdest und was er dir verschweigt, so wie er mir verschwiegen hat, wie süß er gewesen ist, als ich Baby war. Dieses Erlebnis hat auch mit dem Freund, von dem ich schwanger wurde, zu tun. Meine Eltern fuhren über Weihnachten nach Portugal, und ich verlor dieses Kind durch eine Fehlgeburt einen Tag vor Heiligabend. Ich hatte in dieser grauenvollen Situation niemanden, der mir half. In der Klinik, in die ich eingeliefert wurde und in der ich im übrigen selbst zur Welt gekommen war, fand man den Zeitpunkt für eine Fehlgeburt völlig deplaziert. Die Ärztin, die Dienst hatte, machte mich zur Schnecke. Ich stand vor ihr, und das Blut lief mir die Beine hinab. Ich fühlte mich hundeelend. Mein Freund ließ mich in der Klinik liegen. Ich stellte später fest, daß er die Nacht bei einer gemeinsamen Freundin von uns verbrachte, die er eigentlich liebte und mit der er heute verheiratet ist. Lediglich mein Vater kümmerte sich. Er rief jeden Tag aus Portugal an. Er wollte sofort zurückkommen, als er erfuhr, wie es um mich stand. Und einige Monate später, als die Beziehung zwischen mir und dem Freund erwartungsgemäß zu Ende war, tat er etwas ganz Tolles, das ich erst viel, viel später herausbekam. Meine Eltern holten mich verheultes Bündel mit dem Auto ab. Ich war so fertig, daß ich erstmal nur zu meinen Eltern wollte. Meine Mutter kam zu mir in die Wohnung, um mit mir die wichtigsten Sachen zu packen und mich mitzunehmen. Mein Vater blieb im Auto sitzen. Er saß fast gleichgültig aussehend da und las eine Zeitschrift, als meine Mutter und ich auf den Rücksitz in den Wagen kletterten. Mein Vater hatte aber nicht die Wartezeit vor sich hinlesend verbracht. Er hatte sich in der Zwischenzeit unbemerkt meinen Freund, der kein Held war, vorgenommen. „Wenn du meiner Tochter irgend etwas zuleide tust, schlage ich dich zusammen“, hatte er ihm gesagt. Wieder das alte Muster der Liebe zu mir, die nicht geäußert wurde und damit nicht stattgefunden hat. Meine Mutter machte mir immer nur große Versprechungen und tat nichts. Mein Vater sagte nichts und handelte. Als ich mit Anfang 20 ganz schwer erkrankte, wobei man heute noch nicht weiß, wie diese Krankheit so behandelt werden kann, daß eine Heilung eintritt, war er derjenige, der mir half. Er stand wortlos und ungefragt vor meinem Haus und brachte Flaschen und Zeitungen in den Container, wenn ich mich nicht mehr bewegen konnte. Ich kann das heute würdigen. Aber es ist schwer, die Handlung eines Menschen anzuerkennen, wenn sie dir permanent verschwiegen wird.

Als mein Mann und ich ganz spontan heiraten wollten, und ich es meinem Vater sagte, verhielt er sich genauso. „Was bildet ihr euch eigentlich ein? So ein Taugenichts. Früher hat der Mann noch um die Hand der Frau angehalten. Was sind denn das für Sitten. Wenn du dir einbildest, ihr bekommt auch nur einen Pfennig Geld von mir, habt ihr euch getäuscht." So brüllte er mich am Telefon zusammen, und du sitzt dann erstmal da und denkst: „Er macht mir alles kaputt." Dann aber rief er an jenem Tag noch achtmal an. Zum Schluß organisierte er mit mir die Hochzeit und sagte: „Gut, wenn du meinst, daß du diesen Mann heiraten mußt, ist das deine Entscheidung." Du weißt nie, wie er sich verhält. Du sitzt immer auf dem Pulverfaß. Als Tochter leidest du unter dem Mangel an Konstanz und Zuverlässigkeit. Er ist ein Beißer. Aber ich bemühe mich mittlerweile, ihn so zu lassen wie er ist. Nur wenn du insistierst, wird er immer unerträglicher.

Ich habe im Laufe der Zeit viel gelernt. Ich habe mir vor allem Mühe gegeben, meinen Vater zu verstehen und ihm gleichzeitig intensiv zu vermitteln, was in mir vorgeht. Unsere Beziehung kippte um, als ich ihm einmal unter Tränen sagte, wie sehr mich sein Verhalten verunsichert und wie sehr ich schon immer darunter gelitten habe. Er konnte es nicht fassen. Er stand vor mir. Er fing auch an zu weinen. Und er sagte: „Das habe ich nie gewußt. Ich liebe dich doch. Du bist für mich das Wichtigste, was es gibt." Ich war 31 Jahre alt, als ich das erfuhr.

Nur dadurch, daß ich auf ihn zugegangen bin, haben wir heute ein gutes, relativ offenes Verhältnis. Ich sehe ihn kritisch. Ich sehe seine Grenzen. Aber ich verstehe ihn auch besser als früher. Er hingegen hat eine Ahnung davon bekommen, wie sehr er mich geprägt hat, gerade auch, was meine Beziehungen zu Männern betrifft, die bisher alle gescheitert sind. In diesem Zusammenhang gibt es für mich ein Schlüsselerlebnis, dessen Folgen sich durch mein ganzes Leben ziehen und damit zusammenhängen, was für Männer ich mir als Partner ausgesucht habe. Es ist das sogenannte Rutschenerlebnis mit meinem Vater, dessen Symbolcharakter sehr auffallend ist.

Wir waren zusammen im Sommerfreibad. Mein Vater ist einmal Jugendnationalschwimmer gewesen, aber ich war auch eine gute Wasserratte. Damals war ich fünf Jahre alt. Ich konnte schon schwimmen, aber vor allem wollte ich gerne rutschen. Ich hatte sehr große Angst davor, aber er sagte: „Du bist ja ein Hasenherz, und das will meine Tochter sein!" Ich schämte mich, und er redete mir ein, daß Rutschen gar nicht schlimm sei. „Ich fange dich auf. Natürlich fange ich dich auf. Du kannst dich auf mich verlassen." Ich kletterte die Rutsche hinauf.

Ich spüre noch heute das kalte Metall an meinen Händen und unter meinen Füßen. Ich kann mich genau erinnern. Es windete oben auf der Rutsche. Ich war naß und mir war kalt. Ich hatte Angst, aber mein Vater stand unten im Wasser, das ihm höchstens bis zu den Schenkeln reichte, und rief: „Komm! Stell dich nicht so an!" Ich rutschte – und einen kurzen Moment, bevor ich unten im Wasser ankam, trat er zur Seite. Dieses Gefühl, daß mich jemand fallen läßt und im Ernstfall nicht auffängt, ist mein Lebensgrundmuster mit allen meinen männlichen Bekannten. Es hat wieder etwas mit mangelnder Sicherheit zu tun. Entweder suchte ich mir Männer aus, die nie die Kraft hatten, da unten stehen zu bleiben und mich aufzufangen, oder ich hatte Männer, die sagten: „Ich fange dich auf", und die dann – wie mein Vater – einen Schritt zur Seite gingen.

Die Männer, mit denen ich befreundet war, brachen mein Vertrauen wie einst mein Vater in jener Situation, und sie waren in ihrer Liebe zu mir schwankend. Warum immer wieder dieses Muster? Wie soll ich ruhig und gelassen bleiben, wenn ich immer Angst haben muß, fallengelassen zu werden? Da war Tilmann, der während der Zeit unserer großen Liebe mit seiner Frau schlief und sie schwängerte. Oder Ossi, meine erste große Liebe mit 13. Sieben Jahre Gefühle einem Jungen hinterhergeliebt, der es lediglich fesch und chic fand, als Tiroler mit einer Hamburgerin zu gehen. Es hatte nichts mit Liebe zu tun, und später sagte er mir auch: „Ich habe dich eigentlich nie geliebt." Ich hingegen hielt uns für ein wirkliches Liebespaar, fühlte mich als ein Teil unseres Ganzen. Getäuscht. Wie sollte ich mit solchen Männererfahrungen Vertrauen zu mir und anderen aufbauen? Imre, der von mir nur ein Kind wollte und mich schlug. Heute ist er Medienexperte für sprechende Bäume. Wie lächerlich, daß so ein Mann mich so verletzen konnte! Und Stefan schließlich. Wo soll da Vertrauen herkommen? Alle sagten mir schöne Worte und sprachen von Liebe, aber keiner von ihnen blieb unten vor der Rutsche stehen.

Warum verliebte ich mich in diese Männer? Die Antwort ist einfach und vor dem Hintergrund meiner Kindheit verständlich: Sie interessierten sich für mich. Es erstaunte mich, machte mich glücklich: „Da nimmt dich jemand wahr." Dieses schlichte Gefühl reichte zum Verlieben! Ich lief einem Bedürfnis, das mein Vater nicht erfüllt hatte, hinterher.

Ich möchte ihm manchmal all diese Wunden entgegenschleudern. Wo warst du? Warum hast du dich nicht gekümmert? Warum hast du so oft geschwiegen? Warum hast du mir nicht zugehört? Warum hast du mir den Eindruck vermittelt, ich sei so wenig wert? Ich habe die Sehnsucht, ihm dieses verletzte Gesicht zu zeigen, ihm alles entgegenzuschreien, und gleichzeitig weiß ich, daß ich dies in dieser Härte nicht tun darf. Es würde passieren, was ich immer wieder erlebt habe: Er würde anfangen zu weinen, wenn er überhaupt akzeptieren würde, was ich sage. Dann müßte ich ihn trösten, weil es ihn so schmerzt, daß er mir

Wunden zugefügt hat. Ich müßte ihn ent-schuldigen, die Schuld von ihm nehmen. Er läßt mich wieder mit meinem Schmerz allein und gibt mir außerdem noch seinen zum Trösten. Und ich werde mundtot gemacht: „Bitte, sag nichts mehr. Es tut so weh!" Wann lernen Männer wie mein Vater, Männer in meinem Umfeld, endlich die Verantwortung für Wunden zu übernehmen, die sie anderen zugefügt haben?

So weit, so offen und direkt miteinander zu reden, sind wir noch lange nicht. Vielleicht werden wir nie dahin kommen. Aber wir sind schon weiter, als wir es in meiner Kindheit und meiner Jugend waren. Dies hatte auch äußere Gründe. Als ich endlich meinen Führerschein hatte, konnte ich zum Beispiel Fahrten für ihn erledigen. Als ich in dieselbe berufliche Branche einstieg wie er – ich als Grafikerin, er als Werbefachmann –, hatten wir neue Anknüpfungspunkte. Als meine Mutter nach der Familienphase wieder berufstätig wurde, kochte ich für ihn. So kamen wir uns erst einmal äußerlich näher und erhielten die Chance zu reden. Ich lernte ihn besser kennen, und ich konnte ihn mit mir und meinen Problemen konfrontieren. Wir sind heute weiter als viele andere Väter und Töchter. Aber es bleibt noch viel zu tun.«

„Er hat uns allen so weh getan"

Das Verständnis für den Schritt, den er gehen mußte

Sigrid

19 Jahre, Schülerin, ledig

Sie ist eine Frau, die gerne lacht, und über ihren Vater gibt es einiges zu lachen! Das war nicht immer so. Sigrid haßte ihn extrem, als er die Familie verließ, sich scheiden ließ und eine neue Frau heiratete. Sie hatte während ihrer ganzen Jugendzeit keinen Kontakt zu ihm. Vor einem halben Jahr traf sie ihn wieder. Vater und Tochter fanden sich neu. Sie fingen miteinander zu reden und vor allem zu lachen an. Sie erlebten endlich den Alltag einer Tochter-Vater-Beziehung, den sie zuvor nie gehabt hatten.

»Ich war sechs Jahre alt, als mein Vater uns, das heißt meine Mutter, meinen fünf Jahre älteren Bruder und mich, verließ. Ich hatte ihn vorher nie sehr vermißt. Er war selten zu Hause, und wenn er zu Hause war, wollte er seine Ruhe haben. Wenn er sich einmal mit uns Kindern beschäftigte, konzentrierte er sich eher auf meinen Bruder. Mit ihm bastelte er gerne im Keller an seiner Werkbank herum oder nahm ihn mit auf den Tennisplatz. Ich lief eher am Rande mit, wobei ich mich nicht erinnere, darunter gelitten zu haben. Wir hatten einen großen Freundeskreis, und ich unternahm viel mit anderen Familien. Die Familie meiner noch heute besten Freundin war für mich fast ein Stück Ersatzfamilie. Der Vater widmete sich seinen Kindern voll und ganz und nahm auch mich auf. Mit ihm habe ich in meiner Kindheit getobt und gerangelt. Er ging mit uns in den Zoo und baute am Strand mit uns Burgen. Mein Vater unternahm vergleichsweise nichts mit mir, aber da ich einen Ersatzvater hatte, nahm ich es nicht tragisch.

Meine Mutter hatte immer sehr viel zu tun. Sie hatte ihren

Beruf als Lehrerin wegen ihrer Kinder nicht aufgeben wollen, und da sie eine auffällig engagierte Lehrerin war und ist, widmete sie sich stark ihrer Schule und weniger uns. Das hatte aber nur etwas mit Quantität und nichts mit Qualität zu tun. Gut war für meine Entwicklung, daß sie immer da war, wenn ich sie brauchte, und sich mir nicht entzog. Ich konnte mit ihr reden und kuscheln, und sie brachte mich jeden Abend ins Bett, damit ich in Ruhe einschlafen konnte. Ansonsten belegte sie einen nicht zu sehr mit Beschlag, so daß ich schon als Kind relativ eigenständig lebte, ohne mich einsam zu fühlen.

Obwohl ich eine berufstätige Mutter hatte, war mein Vater derjenige, der mir am meisten imponierte. Er ist Inhaber einer Werbeagentur, und ich fand es toll, wenn ich in Zeitschriften Werbekampagnen sah, die er entwickelt hatte, auch wenn ich nichts davon verstand. Außerdem imponierte mir, daß er Chef von vielen Mitarbeitern war und ein Auto mit Autotelefon fuhr. Meine Mutter war diejenige, die zu Hause war und mit der man schmusen und seine Sorgen besprechen konnte. Mein Vater war der große Mann draußen. Ich sah zu ihm auf und bewunderte ihn. Aber ich kannte ihn eigentlich nicht. Er war mir fremd, wie so viele Väter so vielen Töchtern fremd sind.

Mir schien es als Sechsjährige so, daß mein Vater uns verließ, ohne daß es vorher irgendwelche Anzeichen gegeben hätte. Ich kam am Sonntagabend von einem Wochenendausflug mit der Familie meiner Freundin wieder nach Hause, und er war weg. Er hatte drei Koffer gepackt und war ausgezogen. Meine Mutter war aufgelöst. Sie weinte so erbarmungswürdig, so herzzerreißend, daß es sie schüttelte. „Er hat uns nicht mehr lieb", sagte sie immer wieder. Sie sagte mir nicht, daß er *sie* nicht mehr liebte, sondern sie bezog mich mit ein. Sie beging den Fehler vieler Mütter, die von ihren Männern verlassen werden, die Kinder zu involvieren. Sie schaffte es leider nicht, mir ruhig zu erklären, warum er nicht mehr mit ihr leben wollte und warum sein Schritt mit mir nichts zu tun hatte.

Ich begann, ihn zu hassen, ich hätte diesen „Arsch", wie mein Bruder ihn zu nennen anfing und wie wir ihn dann alle nannten, umbringen können. Wie konnte er uns so weh tun! Wie konnte er meiner Mutter solches Leid zufügen! Es war schlimm für uns Kinder mitzubekommen, wie sehr sie litt und wie sehr sie ihn in ihrer Verletztheit zum Buhmann machte. Sie verbot ihm erst einmal jeden Umgang mit uns: Wir müßten uns erst beruhigen und überwinden, was er uns angetan hätte. Mein Vater, der mit Sicherheit ein schlechtes Gewissen hatte, ließ es sich gefallen.

Meine Mutter wurde in den Monaten nach seinem Auszug zum Wrack. Sie hatte sich krankschreiben lassen und hockte weinend zu Hause. Alles habe sie für ihn getan. Sie habe ihn so sehr geliebt. Er sei Zentrum ihres Lebens gewesen. Warum nur würde er ihr so weh tun? Dann wieder brüllte sie wie am Spieß und schrie ihren Haß auf ihn hinaus. Einmal fand ich sie, wie sie sich auf dem Boden wälzte und schließlich vor Erschöpfung, nur noch mit den Händen auf den Boden trommelnd, liegenblieb. Ich bekam täglich mit, wie sehr sie litt. Sie nahm in einem halben Jahr zehn Kilo ab. Sie, von der wir einen ausgeprägten Hang zur Disziplin kannten, kochte zeitweise nicht einmal mehr für uns. Wir ernährten uns von Hamburgern, Pizza und aus der Tiefkühltruhe. Ihre Verzweiflung schnitt mir ins Herz. Ich merkte vor allem, daß auch ich sie nicht trösten konnte. Als Kind dachte ich damals, daß es meine Aufgabe sei, sie aufzubauen, wie ich es heute nennen würde. Insofern fühlte ich mich als Versager.

Der geballte Familienhaß, in den auch die Eltern meiner Mutter und viele Freundespaare einstimmten, konzentrierte sich auf meinen Vater. Es ist interessant, daß von allen gemeinsamen Freunden, die meine Eltern hatten, nur ein einziger Mann, der ebenfalls geschieden war, und ein Paar, das ich als sehr tolerant empfinde, heute Kontakt zu ihm haben. Auch die Eltern meiner Freundin, meine „Ersatzeltern", meinten, an einer Trennung seien immer beide Partner beteiligt. Mein Vater verlor mit der Trennung fast alle seine Freunde. Sie solidarisierten sich mit meiner Mutter. Sie alle waren angeblich überrascht und hatten nicht gewußt, daß die Ehe meiner Eltern schon seit Jahren nur noch funktionierte, aber leblos geworden war. Meine Eltern hatten, wie ich später erfuhr, zum Zeitpunkt des Auszugs meines

Vaters seit eineinhalb Jahren nicht mehr miteinander geschlafen. Sie hatten oft genug über die Lieblosigkeit, die Einzug in ihre Ehe erhalten hatte, geredet, und mein Vater hatte mehrfach von Trennung gesprochen. Ich vermute, meine Mutter hatte seine Trennungsabsichten nicht ernst genug genommen, hatte seine Ankündigungen für Gewäsch gehalten. Wie sonst ist es zu erklären, daß sie sein Auszug so sehr überraschte und aus der Bahn warf? Sie konnte nicht akzeptieren, daß sie sich auseinanderentwickelt hatten und daß sie sich einfach nicht mehr liebten. Sie unternahmen schon damals seit Jahren nichts Gemeinsames mehr. Mein Vater arbeitete und arbeitete, manchmal bis in die tiefe Nacht hinein. Häufig fuhr er sogar am Wochenende ins Büro und igelte sich dort ein. Meine Mutter verreiste mehrfach mit Freundinnen, und die Fahrradtouren an den Wochenenden unternahm sie ohne ihn, nur mit uns Kindern. Er kam nie mit. Die Ehe war einfach zu Ende, und mein Vater zog den Schlußstrich. „Unsere Beziehung war doch eine einzige Quälerei geworden. Was sollte es, sie unter diesen Umständen aufrechtzuerhalten", sagte er mir später. Meine Mutter und er, das war seine Meinung, hätten sich schon deutlich früher getrennt, wenn nicht wir Kinder gewesen wären. „Das fiel mir am schwersten, euch zu verlassen", gestand er mir.

Als Sechsjährige konnte ich diese Zusammenhänge nicht begreifen. Aber ich begriff vieles nicht. Auf der einen Seite war er für mich nach der Trennung der größte Arsch aller Zeiten, der schlimmste Fiesling und Schurke. Auf der anderen Seite erwuchs in mir Sehnsucht nach ihm. Er, der immer nur am Rande mitgelaufen war und den ich nie sonderlich vermißt hatte, er erhielt für mich plötzlich Bedeutung. Nach dem anfänglichen Verbot meiner Mutter, uns zu besuchen, einigten sie sich nach einem halben Jahr darauf, daß er jedes zweite Wochenende etwas mit uns Kindern unternehmen konnte. Wir gingen zum Schwimmen, mit ihm auf den Tennisplatz, zum Eisessen, ins Kino. Manchmal nahm er uns auch in sein neues Zuhause mit, er bereitete für uns Bratkartoffeln zu und wir grillten Würstchen. Zweimal verreisten wir in den Herbstferien sogar mit ihm.

Er gab sich Mühe und ich freute mich auch. Aber seine Aktionen waren nicht stimmig. Aus heutiger Sicht würde ich sagen: Ich spürte mit der untrüglichen Intuition eines Kindes, daß etwas faul war an seinem plötzlichen Engagement. Und ich hatte recht.

Als ich einmal ohne meinen Bruder allein bei meinem Vater war, entdeckte ich auf seinem Schreibtisch das Bild einer anderen Frau. „Papa hat eine andere!" Dieser Gedanke schoß mir sofort durch den Kopf. Für mich gab es keinen Zweifel. „Papa hat eine andere!" Mir ist aus heutiger Sicht klar, daß ich nur so entsetzt sein konnte, weil ich innerlich gehofft hatte, meine Eltern würden wieder zusammenkommen und alles würde werden wie früher. Diese Zusammenhänge konnte ich damals natürlich nicht begreifen. Ich schrie ihn an und schlug mit meinen Fäusten auf ihn ein. Ich schlug ihm meine geballte Enttäuschung auf seine Brust. Ich weiß heute, wie leid ich meinem Vater damals tat. „Ich dachte, mir würde das Herz brechen. Ich wollte euch doch nicht weh tun, aber ich konnte nicht anders", sagte er. Er hatte sich halt neu verliebt und war nicht bereit, sich seine neue, große Liebe durch mich kaputtmachen zu lassen. Verständlich. Nur, damals verstand ich ihn nicht. Ich haßte ihn so stark, daß ich auf der Stelle hätte umfallen und tot sein mögen. Ich rannte meinem Vater weg und rannte die sieben Kilometer zu Fuß zur Wohnung meiner Mutter. Er hatte in der Zwischenzeit mehrfach dort angerufen. Meine Mutter hatte ihm die bittersten Vorwürfe gemacht. „Wenn das Kind sich etwas antut, wirst du es büßen", hatte sie ihm gedroht. Als ich nach Hause kam, war sie komplett durchgedreht. Sie kniete sich vor mich hin, umklammerte mich und weinte: „Wie konnte er das mit dir tun. Nie wollen wir ihn wiedersehen!" Sie stachelte meinen Haß an und schürte das Feuer. Sie verbot ihm, je wieder Kontakt mit uns aufzunehmen. Sie entfernte ihn aus unserem Leben. Wir erfuhren nicht einmal, wann die Scheidung ausgesprochen wurde. Wir erfuhren auch nicht, daß er die Frau von dem Foto geheiratet hatte. Wir vergaßen ihn aber auch nicht. Wir, vor allem meine Mutter und ich, haßten ihn. Wie oft verwünschte ich diesen Mann!

In unserem Haß nahmen wir beide, meine Mutter und ich,

wie ich es im nachhinein beurteilen kann, ungute Entwicklungen. Meine Mutter traf sich nur noch mit anderen Frauen, die wie sie von ihren Männern verlassen worden waren, um mit ihnen über die ach so schlimmen Männer zu labern. Sie wurde negativistisch und verschloß sich jeder anderen möglichen Beziehung zu einem neuen Mann. Sie wirkte auch äußerlich immer verhärmter, bekam tiefe Falten um den Mund herum. Ich reagierte genau gegenteilig. Von meinem fünfzehnten Lebensjahr an wurde ich wie besessen von Männern. Ich kleidete mich aufreizend und schminkte mich selbst in der Schule. Am liebsten zog ich einen schwarzen knappen Ledermini mit schwarzen Nylons, einem weißen Herrenhemd und einer schwarzen kurzen Weste an. Die Haare band ich mir mit einem Seidenschal zum Pferdeschwanz zusammen, damit mein Gesicht besser zur Geltung kam. Ich schminkte es geheimnisvoll, wie ich fand, mit blassem Teint, schwarzem Lidstrich und knallroten Lippen. Meine Mutter fand mich zu aufgedonnert, aber sie hatte zuviel mit sich selbst zu tun, als daß sie versucht hätte, mich zu ändern. Ich glaube, daß ihr klar war, daß ich ein erhebliches Vaterproblem hatte. Sie bat mich einmal, darüber nachzudenken, warum ich mich so aufreizend geben würde. Sie fragte, ob es sein könne, daß ich damit bei Männern die Aufmerksamkeit zu ergattern versuche, die mein eigener Vater mir verwehrt habe. Ich fegte ihre Gedanken weg mit einer laschen Handbewegung. Mein Vater? Der war mir so schnuppe wie irgendwas. „Der Arsch ist für mich gestorben. Mit Schweinen wie ihm will ich nichts zu tun haben", sagte ich ihr.

Ich nahm – heute bin ich auf dem psychologischen Stand, das zu erkennen – unbewußt an meinem Vater Rache, indem ich andere Männer mies behandelte: Ich lebte meine Haßliebe an Stellvertretern aus. Aufreizend wie ich mich gab, lockte ich sie erst einmal an. So ließen sich meistens ganz bestimmte Typen animieren: Primitivlinge, die nur eins von einer Frau wollten: Sex. Oft waren sie schon älter als ich, meinten, mir mit ihren Sprüchen oder ihrem Auto imponieren zu können. Ich ließ mich ausführen, hofieren. Sie mußten sich Mühe mit mir geben, und ich machte sie scharf, genoß es, sie sich abmühen zu sehen – und ließ sie anschließend fallen wie die sprichwörtlichen heißen Kartoffeln. Sie ekelten mich an. Alle Männer ekelten mich an. Ich hätte es nicht ertragen, mich nur von einem einzigen berühren zu lassen. Sie waren in meinen Augen Abschaum, und ich zeigte ihnen, daß sie für mich Abschaum waren. Gleichzeitig war ich innerlich enttäuscht, immer wieder bestätigt zu finden, daß Männer Schweine und Ärsche waren wie mein Vater. Aber ich provozierte diese Erfahrung selbst. So wie ich mich gab, zog ich natürlich nur solche Männer an. Mit einem einzigen schlief ich sogar: mit meinem Kunstlehrer, der bezeichnenderweise fast genauso alt war wie mein Vater. Ich hatte schon lange gemerkt, daß ich ihn antörnte. Er beschäftigte sich nicht nur in der Schule intensiv mit mir, sondern hatte Stieraugen, wann immer er mich erblickte. Er guckte mir deutlich sichtbar auf den Busen, blickte hinter mir her, wenn ich die Treppe zu unserem Klassenzimmer hochging. Er war ein widerlicher Spanner. Ihm wollte ich es zeigen. Auf einer Klassenreise war es soweit. Wir fuhren in eine Art Schullandheim. Den Tag über machten wir lange Spaziergänge, abends trafen sich einige von uns noch in einer Kneipe. Einmal war er dabei. Als wir zu Fuß zum Schullandheim zurückgingen, verwickelte ich ihn in ein Gespräch, schlug dann vor, daß wir eine Abkürzung gehen könnten, und gestand ihm, als wir alleine waren, wie aufregend ich ihn finden würde. Er fing schwer zu atmen an, dieser alte Spanner. Ich drückte mich an ihn und wir taten es mitten in der Nacht, mitten in der freien Natur. „Hoffentlich bin ich nicht schwanger geworden. Ich nehme nicht die Pille", sagte ich ihm gleich danach, und ich genoß die Angst, die in ihm hochkroch. Er sah mich während der ganzen Klassenreise nicht mehr an, sprach mit mir kein einziges Wort. Fünf Wochen lang ließ ich ihn zappeln, sah seinen irritierten Blick, wann immer ich ihm begegnete. „Wie geht es dir?" fragte er dann, als niemand in unserer Nähe war. „Noch ein Wort und ich gehe zum Direktor. Du bist doch der letzte Mist", antwortete ich ihm. Ich wollte Männerseelen verletzen.

Das war meine Art, meinen Haß auf meinen Vater zu leben. Eiskalt und so brutal, wie ich ihn aus meiner Sicht erlebt hatte.

Ich weiß nicht, was aus mir geworden wäre und wie ich heute beziehungsmäßig leben würde, wenn das Schicksal es nicht verdammt gut mit mir gemeint hätte. Ein halbes Jahr ist es her. Ich war mittlerweile 18, gerade von zu Hause ausgezogen und hatte eine eigene kleine Einzimmerwohnung bezogen. Zwar mache ich erst in einem halben Jahr Abitur, aber ich wollte endlich selbständiger sein und meine Mutter willigte ein. Plötzlich, wenige Tage nach meinem Einzug, stand mein Vater vor der Tür. Er hatte von meinem Umzug durch den Vater meiner Freundin, meinen sogenannten Ersatzvater, Wind bekommen, den er zufällig beim Einkaufen in der Innenstadt getroffen hatte und der meinen Haß auf meinen Vater ohnehin nicht nachvollziehen konnte, weil er meinte, ich habe den Haß meiner Mutter auf ihn unreflektiert übernommen. Er hatte ihm meine Adresse gegeben, und da mein Vater mich nicht mehr unter der direkten Fuchtel meiner Mutter wußte, startete er den Versuch einer Annäherung. Er muß sehr aufgeregt gewesen sein, als er klingelte, zumindest glitt ihm die Flasche Sekt, die er in der Hand hielt, aus der Verpackung. Er versuchte noch, schnell zu reagieren und sie aufzufangen. Dabei rutschte er auf dem Linoleumboden in meinem Treppenhaus aus und setzte sich auf den Hosenboden. Mein Vater ist überhaupt kein ungeschickter Typ, manchmal vielleicht ein bißchen trottelig, aber die Situation war so urkomisch und er sah so blöd aus, wie er vor mir saß und gar nichts sagte, daß ich losbrüllen mußte vor Lachen. So stand ich da und er saß da, und wir lachten.

Lachen hat eine segensreiche Kraft. Lachen bedeutet Regeneration und Befreiung. Ich habe vor kurzem gelesen, daß es in Amerika Therapien gibt, bei denen die Patienten lediglich zum Lachen gebracht werden sollen, um danach offen zu sein für neue Einschätzungen. Lachen befreit. Ich hatte mich durch meinen Haß verschlossen und öffnete mich durch unser Lachen. Keine Ahnung, wie es sonst zwischen uns gelaufen wäre und ob ich ihn überhaupt in meine Wohnung hineingebeten hätte. So aber entstand der anfangs zähe, zunehmend erfolgreicher laufende Versuch einer Annäherung. Wir lernten uns teilweise auch neu kennen. Ich verstehe meinen Vater heute besser denn als kleines Mädchen. Er hat uns allen so weh getan. Aber ich denke, er mußte den Schritt, zu dem er sich damals entschlossen hatte, gehen. Er hielt es für falsch, über 15 Jahre lang, also bis ich erwachsen gewesen wäre, eine Ehe aufrechtzuerhalten, die in seinen Augen keine mehr war. Aber er hatte, als er ging, nicht mit der extremen Reaktion meiner Mutter gerechnet. Insbesondere, da sie Pädagogin ist, hätte er ihr mehr Feingefühl zugetraut.

Ich habe meinen Vater neu entdeckt. Das ist für mich eine enorme Bereicherung meines Lebens! Ich finde ihn für sein Alter urwitzig. Ich kann mich schrott lachen über ihn. Wenn ich ihn beispielsweise im Büro besuche und er an Arbeit zu erstikken droht, sagt er mit seinem schelmischen Lausbuben-Grinsen: „Jetzt weiß ich, Sigi" – und an dieser Stelle macht er eine bedeutungsschwangere Pause –, „Jetzt weiß ich: Zum Arbeiten bin ich nicht geboren!" Dabei hat er sein Leben lang nichts weiter getan als zu arbeiten. Er hat so irrsinnig komische Angewohnheiten! Wenn er Geburtstag hat, was ich bisher einmal miterlebt habe, holt er grundsätzlich einen blauen Müllsack ins Wohnzimmer. Er reißt alle Geschenke auf und sortiert sie gleich beim ersten Ansehen in Stapel: in solche, die ihm gefallen und die er behalten will, in welche, die man weiterverschenken kann und in welche, auf die er keinen Bock hat. Die, die er nicht haben will, schmeißt er sofort in den Müllsack. „Eine Zumutung", sagt er dann. „Kann man nicht mal weiterverschenken!" Ich denke, das ist Masche. Weil er in der Werbung ist, muß er etwas Witziges an sich haben und kultiviert seine Macken, aber ich lache mich tot. Zu seinem vorigen Geburtstag bekam er zum Beispiel ein Buch zum Thema Werbung. „Einfallsreich, sehr einfallsreich", murmelte er – und knallte es in den Müllsack. „Was Werbung ist, weiß ich selbst. Außerdem bin ich es, der die beste Werbung macht. Das ist doch kein Geburtstagsgeschenk!" Er konnte sich richtig aufregen, und ich mußte wieder lachen, weil er irgendwann auch immer lacht. Peinlich war nur, daß der Bekannte, der ihm das Buch geschickt hatte, am nächsten Tag anrief und sagte: „Du hast sicherlich gemerkt, daß das Buch gebraucht ist. Es ist mein Exemplar, aber deins ist heute gekommen. Ich komme gleich vorbei und tausche die Bücher aus." Urkomisch, wie mein Vater loswieselte und draußen bei den Mülltonnen in dem Müllsack wühlte! Oder als seine neue Frau, die übrigens ganz nett ist, zu seinem Geburtstag als Gastgeberin anstatt Blumen Lidschatten und einen Lippenstift geschenkt bekam, diese Utensilien mit auf seinen Gabentisch legte, und er sie fand, da haute er sich an den Kopf: „Ich sage es, ich sage es immer wieder: Die Leute werden tagtäglich blöder. Jetzt schenken sie mir schon Schminkzeug!" Er war gar nicht auf die Idee gekommen, daß auch seine Frau etwas geschenkt bekommen haben könnte.

Er ist einfach ein Typ, und ich freue mich darüber, was wir seit einem halben Jahr zusammen alles erleben. Solche Alltäglichkeiten mit einem normalen Vater hatte ich während meiner ganzen Kindheit entbehren müssen. Es sind die Alltäglichkeiten dieses kauzigen Typs, der mein Vater ist, über die ich mich so freue, weil sie Normalität bedeuten und trotzdem witzig sind. „Mit dir als kleinem Mädchen hätte ich wahrscheinlich nicht viel anzufangen gewußt. Richtig reden konnte man noch nicht mit dir. Mit kleinen Kindern hatte ich nie Gesprächsstoff. Meistens fingen sie zu plärren an, wenn sie mich sahen. Heute können wir uns richtig auseinandersetzen, miteinander ernsthaft sprechen oder etwas unternehmen. Ich glaube, ich bin ein besserer Vater für eine erwachsene Tochter", gestand er mir neulich.

Wir reden vor allem viel und erzählen uns, was wir erlebt haben. Neulich war er auf dem Friedhof, weil eine alte Tante von ihm gestorben war. Nach einer halben Stunde stellte er fest, daß er auf der falschen Beerdigung gelandet war! Er schaffte es gerade noch zur richtigen Beerdigung, weil er überprünktlich gewesen war. Aber hinterher, zu Hause, griff er sich an den Kopf: „Ich hatte noch gedacht: Komisch, daß so viele Leute da sind, denn meine Tante kannte gar nicht viele Leute. Und ich war mir so blöd vorgekommen, weil ich in dieser Menge keinen einzigen

Menschen kannte. Dann sah ich doch einen, und zwar einen langjährigen freien Mitarbeiter von mir, und dachte: Will der sich etwa anschleimen? Wie blöd von dem, meinetwegen zur Beerdigung meiner Tante zu kommen? Dann, als ich mein Mißverständnis einsah, rannte ich wie ein Wiesel über den Rasen zur anderen Kapelle. Ich muß ausgesehen haben wie Woody Allen. Entsetzlich!" Ja, so ist er. Mit meinem Vater kann man die tollsten Geschichten erleben. Noch nie in meinem Leben habe ich so viel gelacht und mich so erleichtert gefühlt wie seit der Zeit, in der ich wieder Kontakt zu meinem Vater habe. Manchmal glaube ich, er macht deshalb soviel Unsinn. „Dich lachen zu sehen, ist mein Schönstes", strahlte er mich neulich an. Ich weiß: Er hat nach wie vor ein schlechtes Gewissen, daß er mir meine Kindheit so erschwert hat. Wahrscheinlich will er etwas wiedergutmachen. Aber es gelingt ihm! Seitdem bin ich auch beziehungsmäßig völlig normal und mache mit Männern nicht mehr so einen Quatsch wie früher. Was können die dafür, daß ich ein Vaterproblem hatte? Ich genieße zur Zeit mein Sololeben und die neue Zeit mit meinem Vater. Wir treffen uns sicherlich einmal die Woche, manchmal auch zusammen mit seiner neuen Frau. Sie hält sich aus allem heraus und versucht auch nicht, mich zu krallen oder auf ihre Seite zu ziehen. Das gefällt mir. Ich muß zu ihr ja kein Verhältnis aufbauen.

Was mir imponiert, ist die Tatsache, daß mein Vater in diesen letzten Monaten unserer Annäherung niemals schlecht über meine Mutter gesprochen hat. Ihm war klar, daß sie die Trennung nicht verwunden hatte, aber er machte sie deshalb nicht mies. Er sagte mir schon, daß ihm ihr damaliges Verbot, mich und meinen Bruder zu sehen, zu schaffen gemacht habe. Aber er hätte Angst gehabt, uns noch mehr durcheinanderzubringen.

Tief verletzt hat mich seine Schilderung, daß er uns zu jedem Geburtstag und zu jedem Weihnachtsfest Geschenke geschickt hat, daß meine Mutter sie aber jedesmal postwendend an ihn zurückgesandt habe. Jedes Jahr wieder habe er es versucht. „Vielleicht bin ich naiv und albern gewesen", sagte er, „aber ich hoffte jedes Mal von neuem, daß sie euch die Geschenke geben würde. Ich wollte meinen Wunsch, euch eine Freude zu machen, nicht als leeres Wort dastehen lassen." Daß sie uns diese Geschenke von ihm vorenthalten hat, nehme ich ihr übel. So weit hätte sie in ihrem Haß nicht gehen dürfen.

Und meine Mutter? Sie sagt nicht viel dazu, daß mein Vater und ich wieder Kontakt zueinander haben. „Vielleicht habe ich in dieser Beziehung doch einiges falsch gemacht", sagte sie neulich. Da habe ich sie ganz fest an mich gedrückt, denn leuchtende Beispiele haben wir alle nicht abgegeben.

Und ich? Mir fällt eigentlich erst auf, indem ich in diesem Interview meine Kindheitsgeschichte erzähle, wie brüchig ich noch bin. Die Episoden, die ich über meinen Vater berichte, die alle nichts weiter als Momentaufnahmen sind und wirken, als würde ich einfach, ohne groß nachzudenken, drauflos plaudern – diese Episoden sagen viel über mich und meinen Vater aus. Wir sind noch nicht rund. Wir sind keine Einheit. Wir haben uns lediglich stückweise gefunden und sind froh über gemeinsame Ereignisse oder Episoden, die beim jeweilig anderen ankommen. Wir sind guten Willens, was das Wichtigste ist. Aber wir können nach einem halben Jahr nicht rund sein, weil zwölf Jahre lang Pause zwischen uns herrschte. Ich glaube: Wenn ich heute positiv und fröhlich besetzte Geschichten über meinen Vater erzählen kann, ist es ein Zeichen meiner Erleichterung. Ich bin endlich einmal leicht! Da geht man nicht in die Tiefe, sondern ist froh, aufgetaucht und nicht mehr beschwert zu sein.«

„Es war keine Freude zwischen uns"

Das plötzlich erwachende Mitleid

Anna

45 Jahre alt, Psychologin, ein Kind, geschieden

Anna hatte schon als kleines Kind ein distanziertes Verhältnis zu ihrem Vater, obwohl er sich durchaus um sie bemühte. Sie wollte nicht seine Tochter sein, weil sie sich nicht als seine Tochter fühlte. Ihre Kindheit hat sie häufig genug als leer und unlebendig empfunden. Bis ihr eines Tages die Augen geöffnet wurden, warum sie keine „normale" Beziehung zu ihrem Vater aufbauen konnte. Von diesem Tag an verstand sie alles besser, und es erwuchs Mitleid in ihr mit diesem Mann.

»Ich verstehe mich mit meinen Eltern heute eigentlich nicht schlecht. Meine Mutter hat in den letzten Jahren zwar etwas abgebaut; sie kann nicht mehr richtig hören und fühlt sich häufig schwach und müde. Aber mein Vater ist von einer phänomenalen Vitalität. Als er sechzig Jahre alt war, hatten wir richtig Angst um ihn. Er war vorzeitig in Pension gegangen und auf einmal extrem klapprig und im Gesicht eingefallen. Aber heute, mit 80, ist er wieder ganz der alte. Keiner würde es für möglich halten, daß er schon vor fünf Jahren goldene Hochzeit gefeiert hat. Man hält ihn höchstens für 65. Er wirkt richtig jung, ist sehr rüstig und geistig fit. Er unternimmt heute noch stundenlange Wanderungen durch die Berge, ohne zu ermüden, und beim Schachspielen, was seine große Leidenschaft ist, schlägt er fast jeden. Es macht sogar noch Spaß, sich mit ihm zu unterhalten und zu diskutieren, obwohl wir das selten tun. Wir reden nicht viel miteinander und schon gar nicht über uns selbst oder über mögliche Probleme. Wenn ich meine Eltern besuche, sehen wir meistens fern oder an besonderen Tagen, wie zu Geburtstagen oder zum Vater- und Muttertag, gehen wir zum Essen aus. Wir verstehen uns die Male, die wir uns sehen, aber wir haben uns nicht viel zu sagen. Wir leben in ganz anderen Welten. Das macht nichts. Wir kommen so, wie wir uns arrangiert haben, gut miteinander aus. Ich habe meine Eltern gern, sie haben mich gern, und mehr erwarten wir nicht voneinander. Ich bin der Meinung, daß man seine Ansprüche als erwachsene Tochter den Eltern gegenüber nicht zu hoch schrauben sollte, denn zu hohe Erwartungshaltungen können sie gar nicht erfüllen. Das bedeutet nur Streß. Ich erwarte wenig, gehe positiv gestimmt in die Treffen mit ihnen hinein, und so läuft es gut.

Das Verhältnis zu meinen Eltern und insbesondere zu meinem Vater ist nicht immer so unbeschwert gewesen. Als Kind hatte ich zu meinem Vater sogar eine extrem schlechte Beziehung. Es hat gar nicht nur an ihm gelegen. Er gab sich als Vater für die Generation, aus der er stammte, wirklich Mühe. Ich war es, die ihn irgendwie ablehnte. Ich war extrem ungezogen ihm gegenüber, manchmal fast kriegerisch gestimmt. Ich machte viel kaputt, bis an die Grenze des Zerstörerischen. Meine Mutter war hilflos, sagte aber immer: „Dein Vater hat dich ganz besonders lieb. Er mag dich wirklich sehr." Ich dachte, daß ich das doch spüren müßte, daß es zwischen uns anders laufen müßte, wenn gegenseitige Liebe vorhanden sein sollte. Ich fühlte mich nicht als seine Tochter, und vor allem wollte ich einfach nicht seine Tochter sein! Wenn er zu Gästen sagte, wie süß ich sei, oder wenn er mir Komplimente machte – ich hätte in den Boden versinken mögen! Ich wollte auch nicht, daß er als mein Vater in der Schule auftauchte. Einmal, als sechs Jungen bei uns klingelten, um mit mir zu spielen, mein Vater die Tür öffnete und mit ihnen zu reden anfing, verkroch ich mich in die äußerste Ecke hinter einen Vorhang – so unangenehm war mir die Situation. Ich wollte mit meinem Vater nichts zu tun haben.

Es ist schwer zu beschreiben, aber ich fühlte mich ihm überlegen. Dieses Gefühl versetzte mich in die Lage, mich so stark zu fühlen, daß ich ihn fortwährend provozierte. Ich konnte ihn zur Weißglut bringen, wenn ich dastand und ihm ganz lange die

Zunge herausstreckte. Ich war eklig zu ihm, und das erste Wort, was ich zu ihm gesagt haben soll, als ich Sprechen lernte, war „Nein". Einmal beispielsweise brachte er meinem Bruder, der sechs Jahre älter ist als ich, und mir Buntstifte mit. Mein Bruder freute sich, gab meinem Vater einen Kuß und fing gleich zu malen an. Ich reagierte erstmal überhaupt nicht, wie ich später aus Erzählungen meiner Mutter erfuhr. Dann ließ ich die Buntstifte auf den Boden fallen und versuchte, sie mit der Hacke meines rechten Schuhs zu zermalmen. Als das nicht gelang, hockte ich mich auf den Boden und zerbrach einen nach dem anderen. Oder ich biß dem Schokoladen-Osterhasen, den er mir schenkte, das Ohr ab und ließ ihn dann achtlos liegen, während mein Bruder sich freute und ihn auf seinen Tisch stellte. Solche Szenen ereigneten sich immer wieder. Mein Vater gab sich Mühe, indem er uns mit Kleinigkeiten überraschte und sich überlegte, was uns Spaß machen könnte, und ich war nicht einmal in der Lage, Dankbarkeit zeigen. Seine ganzen Aktionen wirkten so künstlich und unlebendig. Ich würde heute sagen, daß ich eine gewisse emotionale Leere empfand. Es war keine Freude zwischen uns. Ganz im Gegenteil demonstrierte ich mit diesen Gesten Opposition. Ich war zu klein, um darüber nachzudenken, woher dieses Verhalten kommen könnte. Aber ich spürte, wie sehr ich meinen Vater ablehnte. Diese Ablehnung wuchs, weil mein Vater in seiner temperamentvollen, fast jähzornigen Art auf meine Ungezogenheiten mit Schlägen reagierte. Er hatte kein anderes Mittel, seine Enttäuschung über mich abzureagieren, als mit Schlägen. Er muß verletzt gewesen sein, daß er bei mir nicht ankam. Insbesondere, weil ich sein erklärter Liebling war oder meine Mutter zumindest versuchte, uns beiden das einzureden. Er, der aus einer reinen Jungensfamilie stammte, hatte sich immer ein Mädchen gewünscht. Es war bitter für ihn, daß sich zwischen uns keine innige Tochter-Vater-Beziehung entwickelte. Zu meinem Bruder hatte er ohnehin keinen engen Kontakt, da meine Mutter ihn mit Beschlag belegte. Er war ihr Augapfel, den sie abgöttisch liebte und an den sie sich mit all ihren Gefühlen klammerte. Meinem Vater blieb nicht viel, zumal die Ehe meiner Eltern auch nur oberflächlich vor sich hindümpelte. Meine Eltern streiten sich zwar nicht oft, aber es fehlt die Innigkeit einer ganz großen Liebe.

Ich war seine Lieblingstochter und wollte es nicht sein. Heute weiß ich, woran es lag: Er ist in Wirklichkeit gar nicht mein Vater. Zumindest nicht mein leiblicher. Ich bin Jahrgang 1945, im Krieg als angebliches Achtmonatskind geboren. Meine Mutter mußte lügen und aus mir eine Frühgeburt machen, weil mein Vater sich sonst hätte ausrechnen können, daß er nicht der Vater sein konnte. Zu dem Zeitpunkt meiner Zeugung hatte er keinen Urlaub, war also nicht zu Hause gewesen und hatte folglich auch nicht mit meiner Mutter schlafen können. In Wahrheit bin ich gezeugt worden von der großen Liebe meiner Mutter, von einem Mann, den sie kennenlernte, als mein Vater an der Front war, der ein einziges Mal mit ihr schlief und der sie dann wie eine heiße Kartoffel fallen ließ und verschwand. Sie hat ihn nie wiedergesehen. Nur trichterte sie mir, als ich Teenager war, immer ein, daß die Männer grundsätzlich schlecht seien und ein Mädchen, wenn sie es erst ins Bett gezerrt hätten, sofort wieder verlassen würden. Ihre eigenen Wunden ...

Ich erfuhr von diesen Zusammenhängen im Alter von 15 Jahren, als die Schwester meiner Mutter, die zugleich meine Lieblingstante ist, sich verriet. Meine Tante lebte damals ein Leben, das meine Mutter keineswegs billigte. Sie war eine ausgesprochen attraktive und beruflich erfolgreiche Frau, die – was in der damaligen Zeit ungewöhnlich war – immerhin studiert hatte und ein ganz selbständiges Leben führte. Das war meiner Mutter schon suspekt genug, aber hinzu kam, daß meine Tante mit einem verheiratete Mann liiert war. An jenem Abend, als ich die Wahrheit über mich und meinen Vater erfuhr, war meine Tante bei uns zu Gast. Aus einem Grund, den ich nicht mehr erinnere, ereiferte sich meine Mutter über das Verhältnis zwischen ihrer Schwester und dem verheirateten Mann und warf meiner Tante unmoralisches Verhalten vor. Diese muß über die Art meiner Mutter, die ein Ausbund an Verlogenheit darstellt, so empört gewesen sein, daß sie sich vergaß. „Das mußt ausgerechnet du mir vorwerfen. Du mit deinem Achtmonatskind", konterte sie damals. Meine Mutter verstummte und lenkte blitzartig ab. Sie stand auf und ging in die Küche. Ich fragte natürlich nach, bohrte und bohrte, und meine Tante erzählte mir alles. „Unsinn!" Das war die einzige Reaktion meiner Mutter, als ich sie auf diese Enthüllung ansprach. Danach drehte sie sich um und sprach tagelang kein Wort mehr mit mir. Ich bin heute der Meinung, daß meine Mutter diesen Seitensprung mit seinen einschneidenden Folgen verdrängt hat. Sie will diesen Fehltritt nicht wahrhaben, zumal er mit ihren Moralvorstellungen nicht vereinbar ist. Deshalb ist mir heute auch klar, warum ich nicht nur zu meinem Vater, sondern auch zu meiner Mutter keine innige Beziehung habe: Sie hatte mich nicht gewollt. Sie hatte von diesem Fremden nicht schwanger werden wollen. Auch darum konzentrierte sie ihre ganze Zuwendung auf meinen Bruder. Er war ein gemeinsames Kind.

Ich erfuhr, daß mein Vater nicht mein Vater ist. Interessant war meine Reaktion auf das Geständnis meiner Tante. Vielleicht wären andere Mädchen verzweifelt gewesen. Ich war tatsächlich nicht einmal schockiert, als ich hörte, daß mein Vater nicht mein echter Vater ist. Ich war erleichtert, weil ich endlich verstand, warum er mir so fremd war und warum ich ihn nicht als Vater empfand und keine tiefen emotionalen Gefühle für ihn hegte. Ich hatte nie gewußt, was der Grund für unsere eigentümliche Beziehung gewesen war. Jetzt war es klar: Mein Inneres hatte schon immer die Wahrheit gewußt. Ich hatte unbewußt das, was ich spürte und das, was man mir erzählte, nicht zusammen bekommen. Zu den ersten Worten, die ich sprach, zählte das Wort „Lüge". Mir war also klar gewesen, daß vieles nicht stimmte. Und so verspürte ich schon damals als 15jährige ein Gefühl der Befreiung, und zugleich hatte ich Mitleid mit meinem Vater, tiefes Mitleid mit diesem Mann. Was war auf dieser Welt alles möglich! Was hatte meine Mutter ihm angetan. Wie hatte sie als Mutter versteckt und heimlich Macht ausüben können. Er tat mir leid, einfach leid.

So vieles war auf einmal klar in meinem Leben. Ich hatte

mich, ohne je auf den Grund gekommen zu sein, oft gewundert, warum ich weißblonde Locken, schwarze Augenbrauen und braune Augen habe, während beide Elternteile dunkelblond sind, mein Vater grüne und meine Mutter blaue Augen hat. Auch unter meinen Vorfahren gab es niemanden mit meinem Äußeren. Ich war mir immer ein wenig als Außenseiter vorgekommen und jetzt endlich hatte ich eine Erklärung! Alles war auf einmal stimmig. Ich wurde ganz ruhig. Immer hatte eine Lüge zwischen uns gestanden. Nun war der Druck weg.

Mein Vater hatte mich als Vater nicht erreichen können, weil er nicht mein Vater war. Jetzt, da ich Bescheid wußte, konnte ich mich ganz anders zu ihm stellen, wobei mir diese Zusammenhänge erst später in meiner Psychologen-Ausbildung bewußt geworden sind. Fest steht, daß es seit jenem Abend besser zwischen uns lief. Ich brachte ihm mehr Geduld und Verständnis entgegen – wahrscheinlich auch, weil er mir so leid tat. Er war um so vieles betrogen worden, und er wußte es nicht einmal. Noch heute bin ich ihm gegenüber viel weicher als früher. Mitleid stimmt gütig. Man wird „gnädiger" und hat mehr Geduld.

Bitter war die Erkenntnis, daß meine Mutter mich nicht hatte haben wollen. Sie wäre froh gewesen, wenn ich nicht geboren worden wäre, denn ich war schließlich der lebende Beweis für ihren Seitensprung. Weil sie mich im Gegensatz zu meinem Bruder innerlich ablehnte, konnte sie mir auch keine Anerkennung entgegenbringen. Sie ging sogar noch weiter: Sie manipulierte meinen Vater, so daß er sich ebenso wie sie verhielt. Das größte Manko war, daß ich meinen Eltern nie gut genug war. Wenn ich aus der Schule besonders gute Noten mit nach Hause brachte, wurde mir unterstellt, ich hätte sicherlich bei einem besseren Schüler abgeschrieben. Wenn ich eine Zwei hatte, hätte es eine Eins sein müssen. Wenn ich gut im Weitsprung war, kannten sie mit Sicherheit ein Kind, das noch weiter springen konnte als ich. Ich war ein sehr kreatives Kind, aber wenn ich ihnen etwas malte oder bastelte, wurde es nie aufgehängt oder sichtbar hingestellt. Mein Vater ließ die Sachen einfach in der untersten Schublade des großen Wohnzimmerschrankes verschwinden.

Und er fragte mich immer genau das, was ich nicht wußte. Ich wußte viel, schon als Kind, aber das einzige, was ich zu einem Gebiet nicht wußte, war genau das, was er wissen wollte. Mein Vater tut das noch heute. Diese mangelnde Anerkennung steht in direktem Zusammenhang mit der Tatsache, daß er nicht mein Vater ist und meine Mutter mich darum nicht wollte. Was man nicht will, kann man nicht akzeptieren. Und obwohl mir diese Mechanismen schon relativ schnell klar waren, verfolgte mich die mangelnde Anerkennung mein Leben lang.

Ich heiratete mit 21, bekam mit 22 meinen Sohn und baute nach dem Studium mit meinem Mann, der auch Psychologe ist, eine Praxis auf. Ich steckte alle Energie in unsere gemeinsame Arbeit, aber mein Vater meinte immer, ich sei bei meinem Mann angestellt, und es sei ja bemerkenswert, was er, nicht ich, alles aufgebaut habe, und ansonsten sei ich ja arm dran, daß ich soviel arbeiten müsse. Ich empfand es als verletzend, daß er nie meine Leistung würdigte, obwohl ich sogar mehr verdiente als mein Mann. Und als ich einmal in meiner neuen Wohnung die Wände und Türen selbst strich, passende Vorhänge selbst dazu nähte und die Wohnung einfach eine Puppenstube wurde, kam auch kein Lob. Er bedauerte mich, daß ich nicht genügend Geld habe und alles selber machen müsse. Er konnte sich nicht einmal mit mir freuen, als ich einen Archäologen, der seit Jahren keine einzige Nacht durchgeschlafen hatte, in der Praxis hatte und wir endlich durch gemeinsame Arbeit soweit waren, daß der Mann wieder schlafen konnte. Er konnte sich über meine Erfolge nie mitfreuen. Es war keine Freude zwischen uns, weil die Anerkennung meiner Person fehlte. Es sind die besonders ehrgeizigen Frauen unserer Gesellschaft, die zu wenig Anerkennung in ihrer Kindheit erhalten haben. Insbesondere zu wenig Anerkennung vom Vater. Sie rennen dieser Anerkennung ständig hinterher. Alles müssen sie selber schaffen. Allen müssen sie beweisen, wie toll sie sind.

So eine „Überfrau" war ich auch. Aber ich fühlte mich, obwohl ich einen ausgesprochen netten Mann und einen süßen Sohn hatte, immer unwohler. An diesem Perfektionismus, den ich an den Tag legte, erstickte mein Ich. Als ich mich vor ein paar Jahren scheiden ließ, konnten meine Eltern mich überhaupt nicht verstehen. Mein Mann hat es begriffen, was in mir vorging, und heute sind wir sehr, sehr gute Freunde. Aber meine Eltern haben sich nie wirklich mit mir auseinandergesetzt. Wie sollten sie da so einen gravierenden Schritt verstehen, da äußerlich in meiner Ehe doch alles in Ordnung war. Heute ist es so, daß sie mich nicht einmal besuchen, sondern warten, daß ich zu ihnen komme, weil sie sonst direkt mit mir und meinem Leben konfrontiert werden. Sie haben mich nie gesehen, wie ich wirklich bin. Heute ist das okay für mich. Ich habe „ja" zu der Situation gesagt und akzeptiere sie so, wie sie ist. Aber viel zu sagen haben wir uns unter diesen Umständen nicht. Vor allem steht die Lüge im Raum. Meine Mutter tut so, als wenn nichts war. Mein Vater weiß nichts. Und ich weiß alles und behalte es für mich.«

„Wir verstehen uns heute toll“

Die Auseinandersetzung mit Happy-end

Franziska

38 Jahre alt, Rechsanwältin, zwei Kinder, verheiratet, getrennt lebend

Franziska führte eine sogenannte Bilderbuchehe. Jeder beneidete sie um ihr Leben, um ihren Mann, um ihre Kinder. Doch sie war nicht nur eine perfekte Ehefrau und Mutter, sondern auch noch beruflich erfolgreich, und außerdem sah sie auch noch gut aus. Alles war perfekt. Bis Franziska eines Tages durchdrehte und ihr Leben innerhalb von ein paar Tagen, während derer sie mit Grippe im Bett lag, änderte. Sie erkannte, daß sie nie sich selbst und ihre eigenen Bedürfnisse gelebt hatte, sondern das Leben geführt hatte, das ihre Eltern für sie vorgesehen hatten. Sie war insbesondere von ihrem Vater darauf getrimmt worden, mit allem klarzukommen und immer für andere dazusein. So sah auch ihre Rolle als Ehefrau aus. Dabei aber war sie selbst auf der Strecke geblieben.

»Es war der 3. März, an dem ich ausrastete. Der Tag hatte eigentlich begonnen wie jeder andere. Ich war um halb sieben aufgestanden, hatte für meinen Mann, unsere beiden Kinder und mich Frühstück zubereitet, war etwas knapp von zu Hause losgekommen, hatte meinen ersten Termin in der Kanzlei aber noch rechtzeitig wahrnehmen können. Ich arbeitete wie gewöhnlich, fuhr mittags schnell wieder nach Hause, um mit den Kindern gemeinsam zu essen, und dann ins Gericht zu einem eineinhalbstündigen Prozeß. Am späten Nachmittag fühlte ich mich plötzlich so schlecht, daß ich nicht mehr konnte. Ich bekam völlig überraschend Schüttelfrost-Anfälle und hatte rasende Kopfschmerzen. Ich bin fast nie krank, aber ich fühlte mich so elend, daß ich meinen letzten Termin absagte und nach Hause fuhr. Mich hatte eine handfeste Grippe gepackt.

Als mein Mann, der als Computerexperte arbeitet, von der Arbeit nach Hause kam, lag ich im Bett. Natürlich hatte ich vorher noch schnell das Abendbrot vorbereitet, so daß er und die Kinder sich nur noch an den Tisch zu setzen brauchten. Ich war eben die perfekte Frau, aber diese perfekte Frau, die gewohnt war, alles zu managen, konnte an diesem Tag nicht so wie sonst. Ich bat meinen Mann, einen Termin wahrzunehmen, zu dem sonst ich gegangen wäre: der Elternabend unserer jüngsten Tochter, die damals in die zweite Klasse ging. Meinem Mann fiel nichts anderes ein als die Antwort, er könne nicht, er müsse zum Sport. Ich meinte, er könne den Sport doch verschieben, zumal er nicht mit jemandem verabredet war: Er wollte nur ins Fitneß-Studio, um seine üblichen Übungen zu machen. Nein, sich sportlich regelmäßig zu betätigen, sei ihm wichtig, war seine Reaktion. Und da rastete ich aus. Ich, die Brave, Zuverlässige, Angepaßte, brüllte alles, was sich unbewußt in den Jahren angestaut hatte, aus mir heraus: „Ich bin immer für alle da, aber wenn's mir mal schlecht geht und ich Unterstützung brauche, kneift ihr!" Ich war es so leid, zu machen und zu tun und nie Hilfe oder Anerkennung zu bekommen. Mein Mann stand fassungslos vor mir. Er sagte nichts. Ich schrie zum Schluß nur, er solle verschwinden. Er verließ das Schlafzimmer und machte die Tür hinter sich zu. Er übernachtete auf dem Sofa im Wohnzimmer. Wir sahen uns erst nächsten Tag beim Abenbrot wieder, weil ich ausschlief und ihn das Frühstück machen ließ, aber wir redeten nicht miteinander.

Während der ganzen Zeit meiner Grippe blieb ich im Bett. Früher hätte ich versucht, schnell wieder fit zu werden und auf die Beine zu kommen. Aber diesmal wollte ich nicht. Ich wollte endlich einmal Zeit haben für mich. Ich mußte nachdenken, auch wenn mir damals nicht klar war, was dieses Nachdenken für eine Lawine auslösen würde.

Die meisten Menschen, die mich kannten, empfanden mich als „Über-Frau". Mein Studium hatte ich in kürzester Zeit mit

Bravour absolviert. Ich sah, wie andere meinten, überdurchschnittlich gut aus. Ich hatte zwei süße Mädchen. Ich war als Anwältin ganz erfolgreich, trotzdem aber eine engagierte Mutter. Mit meinem Mann führte ich eine glückliche Ehe. Wir hatten es bereits mit Anfang 30 geschafft, ein schönes Haus zu bauen, das wir über Jahre hinweg sehr geschmackvoll einrichteten. Es ging uns so gut wie kaum einem anderen Paar. Und dann dieser Ausraster, der soviel in mir auslöste. Mir wurde bald – auch durch therapeutische Stunden – klar, wieviel meine Eltern damit zu tun hatten . . .

Ich bin großgeworden mit einem jüngeren Bruder, der der absolute Liebling meiner Mutter war. Ebenso wie sie ist er groß, blond, hat strahlende blaue Augen. Er ist heute ein ausgesprochen attraktiver, begehrter Mann. Wie es so ist: Die Mutter hat eine besondere Affinität zum Sohn. Das Gegengeschlechtliche zieht sich an. Leider griff dieses Naturgesetz bei meinem Vater nicht. Er konnte mit mir nicht viel anfangen, weil er sich in Wirklichkeit einen Sohn gewünscht hatte. Ich sollte ursprünglich Franz heißen. So wie er. Als sich herausstellte, daß ich nur ein Mädchen geworden war, nannten sie mich Franziska und riefen mich später Fränzi. Wie dumm, daß die Natur einem solche Streiche spielen kann.

Auch wenn mein Vater da war, war er für mich nicht da. Er lag, wenn er von seinem Job nach Hause gekommen war, meist auf dem Sofa und las. Zwischendurch trank er einige Gläschen Weinbrand, bis er schläfrig wurde und eindöste. Meine Mutter mußte ihn fast regelmäßig wecken. Nach dem Abendbrot trank er seine Bierchen und saß vor dem Fernseher, bis er müde wurde und ins Bett ging. Wenn mal Nachbarn oder seine Skatkumpel bei uns waren, machte er einen auf aktiv. Er liebte es, Witze zu reißen und sich über andere lustig zu machen. Er war dann ziemlich laut und grobschlächtig und kehrte gern den Chauvi raus. Am schlimmsten war es, wenn die Männer spätabends anfingen, politisch zu werden. Mein Vater war damals extrem rechts. Er war gegen Ausländer und gegen emanzipierte Frauen und für mehr Polizei und für härtere Gesetze. Er lebte in einer

Welt, die ich so recht nie verstand. Umso weniger im übrigen, je älter ich wurde.

Mein Bruder setzte sich mit meinem Vater nicht auseinander. Er genoß den Schutz meiner Mutter und lebte ein ziemlich vaterloses und dennoch problemloses Leben. Ich hingegen versuchte als Jugendliche schon, mit meinem Vater ins Gespräch zu kommen, aber er nahm mich nie ernst. Frauen galten für ihn nicht viel. Sie waren Männern nicht ebenbürtig. Das einzige, womit ich ihm imponieren konnte, war, wenn ich mich nicht typisch weiblich, oder was er darunter verstand, verhielt. Eigentümlicherweise wirkte sich diese Erwartung von ihm sogar auf meine Figur aus. Sie ist noch heute ganz knabenhaft. Ich habe kaum Busen, keine Taille, keinen Bauch und keinen Po. Ich wirke fast schlaksig, bin aber trotzdem nicht zart und zerbrechlich, sondern stecke voller Kraft und Energie. Und ich entwikkelte aufgrund der Erwartungen meines Vaters eine recht burschikose Art. Ich spielte keine Mädchenspiele, sondern ging mit Jungens zum Hockey, und ich wurde sehr schnell das, was Eltern vernünftig nennen. Ich war Klassenbeste ausgerechnet in Mathe, womit ich für meinen Vater eine glorreiche Ausnahme war, denn eigentlich hatten Frauen von solchen Sachen grundsätzlich keine Ahnung. Und dann studierte ich später auch noch Jura und wurde als Anwältin erfolgreich. Ich erkämpfte mir seine Anerkennung, indem ich seinem männlichen Wertesystem folgte. Sich als Frau zu seiner Weiblichkeit zu bekennen, gehörte nicht dazu.

Vielleicht hätte eine andere Mutter als meine Mutter einen Ausgleich zum Verhalten meines Vaters schaffen können, aber dazu fehlte ihr der Tiefgang. Meine Mutter war, als ich Kind und Jugendliche war, vor allem mit Äußerlichkeiten beschäftigt. Sie verschlang Klatschzeitschriften und war immer genau informiert, an welchem Königshaus welche Intrige gesponnen wurde und wer mit wem ein Verhältnis hatte. Sie wußte alles über den deutschen Adel, was sich gehörte und was nicht. Sie liebte den Schein. Mit wirklich Wichtigem, geschweige denn mit meinen Problemen, setzte sie sich nicht auseinander. Sie wollte die absolut heile Welt, in der es Auseinandersetzungen nicht gab. Dafür war der Schein zu Hause perfekt. Meine Eltern lebten nebeneinander her und hatten sich nichts mehr zu sagen. Alle Energien verschwendete meine Mutter in ein perfekt eingerichtetes, steriles Haus, in dem man gar nicht normaler Mensch sein mochte, weil nicht mal Zeitschriften auf dem Lesetisch herumliegen durften und sie bei jedem Krümel auszuflippen drohte. Das waren meine Eltern, als ich Kind war, und so wurde ich als Erwachsene. Ich übernahm die Rollen, die sie mir vorgespielt hatten.

Dem Vorbild meiner Mutter folgend, inszenierte ich zu Hause eine Scheinwelt wie aus der Werbung. Die perfekte, erfolgreiche Rechtsanwältin, die alles schafft und bildhüsche Kinder hat und einen gutaussehenden Mann und ein gelecktes Heim. Migräne, schlechte Laune und schlechtsitzende Haare fanden nicht statt. Alles war künstlich, aber ich merkte es nicht. Ich funktionierte einfach zu perfekt. Mein Mann und ich stritten uns nicht einmal.

An dem Tag, als ich wegen einer Nichtigkeit ausrastete, muß ich begriffen haben, daß mein Leben falsch lief, daß ich agierte wie eine Marionette, die nicht merkte, daß immer noch ihre Eltern die Fäden ziehen. Ich lief wie an einer unsichtbaren Leine im Kreis.

Ich lebte das Leben meiner Eltern, das ich gar nicht erstrebenswert fand. Wie soll ich es heute beschreiben? Für ihr Werteschema war es wichtig, ein geordnetes, keimfreies, emotional steuerbares Leben zu führen und einen bestimmten Status nach außen zu repräsentieren. Mir aber fehlte in dem Leben mit meinem Mann irgendwann das Lebendige, die Action, die Spontaneität, das Miteinander. Ich empfand auf einmal: Ich hatte immer nur funktioniert, alles geordnet und geplant. Ich hatte die Perfektion einer Maschine erreicht. Mein Mann mit seiner ruhigen, introvertierten Art, der nichts Spontanes liebte und alles vorplanen wollte, paßte gar nicht zu mir. Er paßte zu dem Bild, das meine Eltern von mir hatten, aber nicht zu meinem wahren Ich. Die Erkenntnis war erschreckend, denn ich hatte gemeint, glücklich mit ihm zu sein.

Am meisten erstaunt hat es mich aus heutiger Sicht, daß mein Mann begriff, was in mir vorging. Als mein Vater erfuhr, daß ich mit allen Konsequenzen ausgerastet war, tat er es als hysterisches weibliches Getue und Quackelkram ab. Als mein Mann erfuhr, daß ich mich von ihm trennen und ein anderes Leben führen wollte, und als ich ihm unter Tränen erklärte, was mich bewegte und was mich veränderte, war er in der Lage, diesen Wandel zu akzeptieren. Er zog aus und ließ mir und den Kindern das Haus. Er blieb dabei ganz ruhig. Wir leben heute getrennt, sehen uns ab und zu. Auch wegen der Kinder. Wir gehen freundschaftlich miteinander um, auch wenn wir uns fremd geworden sind. Wir haben mittlerweile andere Lebensinhalte und im übrigen auch ganz andere Freundeskreise. Mein Mann ist sogar eine neue Beziehung eingegangen, in die er sich wesentlich stärker einzubringen scheint, als er es in unserem ehelichen Leben je getan hat.

Zu mir selbst gefunden habe ich auch mit Hilfe einer Therapie, die mir außerdem half, mein bisheriges Leben zu verstehen. Manchmal habe ich noch Schuldgefühle meinem Mann und meinen Kindern gegenüber, weil ich eine heile Familie auseinandergerissen habe. Aber ich habe versucht, es meinen Kindern zu erklären, und da sie auch ein intensives Verhältnis zu meinem Mann haben, können sie recht gut damit leben. Ich hätte es außerdem nicht ändern können. Irgendwann mußte ich diesen Schritt gehen, der im Endeffekt allen Beteiligten nur Vorteile gebracht hat.

Ich selbst ruhe heute in mir wie nie zuvor in meinem Leben. Ich lasse zu Hause oft fünf gerade sein und habe es mir vollkommen abgewöhnt, ständig hinter meinen Kindern herzusein. Ich lasse ihnen viel mehr Freiräume als früher und unterstütze Aktivitäten, die ihre Phantasie fördern. Sie tragen keine Kleidung mehr aus unserem Modesalon für Kinder, sondern Jeans und Sweatshirts, weil's praktisch ist. Sie spielen nicht mehr Tennis, was ihnen ohnehin nie Spaß gemacht hat, sondern Lydia, die Kleine, macht in einer Theatergruppe mit, und Svenja begeistert sich fürs Ballett. Ich glaube, es tut ihnen gut. Aber die verblüffendste Wandlung haben meine eigenen Eltern durchgemacht. Mit 65 und 68 Jahren!

Anfangs hatten sie überhaupt kein Verständnis. Mein Vater sowieso nicht, und meine Mutter fürchtete den Skandal und lamentierte: „Was werden bloß die Leute sagen". Sie sahen aber, wie ich mich zum Positiven veränderte, wie ich weicher, anschmiegsamer, neugieriger aufs Leben und offener wurde. Manchmal hatte ich das Gefühl, mich von dem Jungen, den mein Vater sich gewünscht hatte und der ich in vielen Bereichen geworden war, zurückzuentwickeln zu meinem Ursprung, zu meiner Weiblichkeit. Das Zurück war gleichzeitig der große Schritt nach vorn. Diese Wandlung ist für Eltern manchmal schwer nachzuvollziehen. Meine machten sich natürlich auch Gedanken, ob sie in meiner Erziehung total versagt hatten, und wenn nicht total, wann, wo und wie. Zwischenzeitlich dachten sie sicherlich häufig, ich sei am Durchdrehen. Als ich zum Beispiel eines Abends spontan die Kinder bei ihnen zum Übernachten ablud, um in ein Rockkonzert zu gehen. Ich und Rock! Wir hatten natürlich immer nur Klassik gehört. Wie es sich für so ein gebildetes, etabliertes Paar gehört. Oder als ich, die es gewohnt war, in kleinen, feinen Romantikhotels zu übernachten, mit einer Frauengruppe nach Südfrankreich zum Zelten fuhr. „Die dreht durch!" Ich hörte im Geist die Stimme meines Vaters. Aber ich erklärte meinen Eltern, warum ich was tat. Ich erklärte ihnen meinen Drang danach, etwas Spontanes, Unvernünftiges, Nicht-Vorhergeplantes zu unternehmen. Ich versuchte, meine Sehnsucht in Worte zu fassen, mich nicht mehr verplanen und steuern zu lassen und einfach einmal meinen Impulsen zu folgen. Und langsam wuchs etwas wie Bewunderung bei ihnen. Hinzu kam, daß wir wirklich anfingen, miteinander zu sprechen. Indem ich ihnen sagte, was in mir vorging, provozierte ich Rückfragen. Es entstanden echte Dialoge, und meine Eltern, zuallererst meine Mutter, begannen, ihr eigenes Wertesystem zu hinterfragen.

Die Wandlung meiner Mutter fing mit der Erkenntnis an, wie sehr sie auf Äußerlichkeiten fixiert war. Heute hat sie das sehr abgebaut. Und sie tut auch endlich etwas. Sie macht mit in einer Frauen-Yoga-Gruppe und hat einen Patenkreis gegründet, der ältere Menschen in einem Seniorenheim betreut. Zweimal in der Woche besucht sie die Leute und redet mit ihnen über ihre Gedanken und Ängste. Selbst Themen wie Sterbehilfe werden nicht ausgeklammert. Sie hat, insbesondere durch den Kontakt mit den Senioren, sehr viel an Tiefe gewonnen, und erlebt, wie gut ihr das tut und wie sehr es ihre kleine Welt erweitert hat. Sie kann seitdem auf die Flucht in Adelshäuser und Königspaläste verzichten. Das Leben, sofern man es lebt, hat soviel mehr zu bieten.

Mein Vater ist noch nicht ganz so weit, aber weit von seiner früheren Rolle entfernt. Neulich habe ich ihn mitgenommen zu einem Kreis von Ausländern, denen ich bei verschiedenen rechtlichen Problemen ehrenamtlich helfe. Da bekam er mit, welchen Schikanen Ausländer bei uns teilweise ausgesetzt sind. Das Treffen hat ihn zumindest so nachdenklich gestimmt, daß er seitdem seine dummen Standardsprüche gegen Ausländer unterlassen hat. Und er macht auch nicht mehr emanzipierte Frauen ohne Mann mies, zu denen ich jetzt ja auch gehöre. Früher hat er gelästert, daß jeder normale Mann angesichts solcher Weiber die Flucht ergreifen würde und daß sie selbst schuld hätten, daß sie keinen abbekämen. Heute sieht er, was „solche Frauen" alles leisten und wieviel Kraft das kostet. Und er sieht an mir, daß „solche Frauen" häufig gar keinen Mann wollen, sondern erstmal sich selbst. Neulich, als ich etwas down war und mich überfordert fühlte mit der Doppelbelastung der alleinerziehenden Mutter und der karrierebewußten Anwältin, sagte er sogar zu mir: „Kopf hoch. Du hast soviel Tolles geschafft. Das wirst du auch noch bringen!" Das waren die Worte meines eigenen Vaters, eines Vaters, der mich nie gelobt hat! Ich denke manchmal: Wenn wir Töchter uns ändern, indem wir uns die Auswirkungen unserer Vater-Kindheit verdeutlichen und für diese Problematik offen sind, und wenn wir dies akzeptieren und unseren Vätern nicht vorwerfen, und wenn wir ihnen gegenüber offen bleiben und sie an unseren neuen Gedanken und

Veränderungen teilhaben lassen, dann haben wir zusammen eine tolle Chance. Es ist nicht nur eine individuelle Chance. Unsere Väter, die das männliche Wertesystem unserer Gesellschaft verkörpern, erfahren durch die positive Konfrontation mit ihren Töchtern, wieviel sie selbst davon profitieren, Weiblichkeit in ihrer Ursprünglichkeit zuzulassen.«

Beziehungsweise...

Fritz Fischaleck
Bevor die Fetzen fliegen
Faires Streiten in der Partnerschaft
Band 4409

Der erfahrene Paartherapeut und Eheberater demonstriert an vielen Beispielen, wie faires Streiten gelingt.

Gisela Zeller-Steinbrich
Wenn Paare ohne Kinder bleiben
Seelische Entwicklungen – neue Perspektiven
Band 4372

Auch wenn kein Kind kommt, können ungeahnte Kräfte und positive Energien für wichtige Lebensaufgaben freigesetzt werden.

Joachim Engl/Franz Thurmaier
Wie redest du mit mir?
Fehler und Möglichkeiten in der Paarkommunikation
Band 4364

Wie man richtig spricht und zuhört, Gefühle und Wünsche ausdrückt, Probleme in konstruktiver Weise löst.

Kevin Leman
Füreinander geboren
Wie die Geschwisterreihe unsere Partnerwahl prägt
Band 4358

Die drei Grundtypen: erstgeborenes, mittleres und jüngstes Kind. Mit „hintergründigem" Augenzwinkern demonstriert der bekannte Psychologe wer mit welchem Typ am besten harmoniert oder nicht.

Heidi Gidion
Was sie stark macht, was sie kränkt
Töchter und ihre Väter
Band 4225

Anhand konkreter Situationen und in Texten großer Autorinnen spürt Heidi Gidion den reichen Nuancen dieser Beziehung nach.